아, 문리대! ①
1961~1963

아, 문리대 ①
1961~1963

초판 발행   2022년 9월 20일

지은이   송철원
펴낸이   이정열
편 집   온현정

펴낸곳   도서출판 **현기연**
등록   2020년 9월 2일 제2020-000115호
주소   서울특별시 서대문구 통일로 495-1 2층
전화   02-735-3577
팩스   02-720-1133

ⓒ 송철원, 2022

ISBN 979-11-971731-2-7   03810

문리대 시리즈-1

아, 문리대! ①
1961~1963

송철원 지음

프롤로그

왜 문리대인가?

송철원(宋哲元), 2022.7.5. | 사진출처:《주간경향》

1.

공식 기록에 의하면 서울대학교 문리과대학(이하 서울대 문리대 또는 문리대)의 마지막 수업은 1975년 1월 17일에 있었다. 이날 오전 9시, 서울대 문리대 과학관 407호 강의실에서 동숭동 캠퍼스에서의 마지막 수업이 진행된 것이다.

29년 동안 캠퍼스를 지켜온 화학과 최규원 교수는 25평 남짓한 강의실을 한 번 둘러본 후 "여러분 오늘이 마지막 수업입니다. 더 열심히 들어 주기 바랍니다"라는 말과 함께 수업을 시작했다. 한 시간 반 정도의 수업을 마치고는 학생들에게 "이제 동숭동 캠퍼스를 떠난다고 생각하니 다시 못 올 고향을 떠나는 기분"이라는 감상을 남겼다. 관악 캠퍼스로의 이사는 그 후 3일 뒤인 1월 20일부터 시작되었다.

_서울대학교 60년사 편찬위원회, 『서울대학교 60년사』,
서울대학교출판부, 2006, 55~56쪽.

왜 문리대는 동숭동을 떠나게 되었을까? 그것은 그때까지 15년간에 걸쳐 지속된 박정희 독재에 저항한 학생운동의 본거지가 동숭동이었기 때문이라는 다음과 같은 주장이 정설처럼 되어 있다.

서울대는 1975년 캠퍼스를 관악산으로 이전하는 일대 변혁기를 맞았다. 끊이지 않는 학생 시위에 시달린 박정희 정권은 시위의 온상인 서울대 문리대와 법대를 관악산 골짜기로 몰아넣는 기발한 발상을 하기에 이른다. 후일 결과적으로 잘 되었다는 평가가 나올 수도 있겠지만, 동숭동에서 관악 캠퍼스로 이사를 할 당시는 힘에 밀려 쫓겨간다는 분노가 이들을 짓눌렀다. 캠퍼스는 의도대로 외곽에 환상도로를 만들어 시위 진압 병력을 신속하게 투입할 수 있는 형태로 설계되었고, 정문 앞에는 '아시아 최대 규모'의 '관악파

출소'가 들어섰다. 대학본부에는 중앙정보부 요원이 상주하고 신림동 하숙촌에서는 너덧 명의 학생만 모여도 문 밖에 정보 형사들이 어른거리는 살벌한 시절이었다. '관악고등학교'라는 자조도 섞여 나왔다.

_「'문·사·철'의 긍지 떨친 최고 지성의 큰 산맥」,

《시사저널》 1698호.(2022.4.30.)

2.

동숭동 뒷골목 교수관사에 살던 이희승(李熙昇, 1896.6.9.~1989.11. 29.) 교수는 여전히 그곳에서 살다 돌아가셨다. 정든 대학을 멀리 떠나보내고 울적한 심정을 달래며 학림다방에서 이런 시를 썼다.

  동숭동 캠퍼스는
  조각조각 부서지고
  즐비한 호화주택
  위풍이 으리으리
  반백 년 학문의 전당
  그 바람에 날렸다.
  한 그루 마로니에
  십수 그루 은행나무

그 언제 그 밑에서

철학 하던 시절이여

변화가 진보만이랴

전통 잃는 고아도

몰골 변한 낙산 위엔

아파트가 진을 치고

낭만 서린 대학가엔

공해 연기 자욱하이

이것이 진정한 현대를

잘도 상징함인지

_최종고, 『서울법대 시대-내가 본 서울대 반세기』,
서울대학교출판문화원, 19쪽.

3.

캠퍼스 이전만이 아니었다. 더 큰 문제는 문리대가 인문대학·사회과학대학·자연과학대학으로 해체된 것이었다. 김용호(金容浩, 정치학과 71)의 이야기를 들어보자.

필자는 1975년 2월 25일, 서울대가 동숭동 캠퍼스에서 개최한

마지막 졸업식을 마치고 '서울대 종합화 계획'에 따라 수백 대 트럭의 이삿짐과 함께 관악에서 대학원 정치학 석사과정을 시작했다. 당시 가장 큰 변화 중 하나는 문리대(College of Liberal Arts and Sciences)가 해체돼 사회대·인문대·자연대로 나눠진 것이었다. 문리대를 이렇게 분리한 경우가 전 세계적으로 드물었고, 또 분리하는 학문적 근거도 빈약했기 때문에 문리대 해체에 대한 반대가 심했지만 그대로 추진된 결과 오늘에 이르렀다. 심지어 문리대를 해체하면 학장 자리가 2개 더 늘어나기 때문에 그런 것이 아니냐는 의심도 있었다. 그 후 전국의 모든 대학이 서울대와 같이 문리대를 해체하고 사회대·인문대·자연대를 만들었다. 그리하여 다른 나라에는 문리대가 있지만 대한민국에는 없다. 이처럼 우리나라 대학은 천편일률적이어서 학문적 다양성이 지극히 부족하다. 앞으로 서울대만이라도 문리대 복원 문제를 치열하게 토론하면 좋겠다. 학문 간의 융합을 강조하는 오늘날의 관점에서 보면 문리대 해체는 좋은 결정이 아니었기 때문이다.

_김용호, 「문리대를 그리워하면서」, 《대학신문》 2021.8.29.

4.

이 책은 문리대 복원을 소망하며 내가 썼던 글과 간직했던 자료, 그리고 주변 사람들과 그 외 사람들의 글과 자료를 모아 만든 것이다. 책의 뼈대는 김승웅(金勝雄, 외교학과 61)이 주관하는 '마르코 글방'에 투고했던 「아, 문리대!」라는 제목의 글로 삼았다. 2009년 4월 30일 내가 쓰기 시작한 「아, 문리대!」의 첫머리는 다음과 같이 시작된다.

　　김승웅 방장,
　　이제는 돌아가려 해도 다시 갈 수 없는 문리대의 낭만과 자유의 냄새. 그 봄이 되니 더 간절하구나. 솜씨 없이 쓴 글로나마 되돌아가 보려 하니 너그럽게 봐주시게.

「아, 문리대!」는 2010년 12월에 이르러 91회까지 계속되었으니, 책의 뼈대를 만들기에는 넉넉하다. 내용은 내가 겪었던 일을 위주로 하여 다른 이들의 경험도 참고했으나 자칫하면 개인사(個人史)가 될 수도 있었다. 이런 결함을 보완하기 위해 여러 사람의 기록을 동원했고, 그 가운데서 문리대 정치학과 동기 김도현(金道鉉)이 제공한 자료가 큰 역할을 했다.

　내가 문리대에 들어간 때가 1961년, 그 후 60년 이상의 세월이 훌쩍 지나갔다. 세월의 흐름에 따른 기억력 감퇴는 다행히 「아, 문리대!」를 미리 써놓아 보완할 수 있었고, 자료 부족은 여러 사람의 기록으로 보완할 수 있었다. 사진 등 자료의 경우 세월의 흐름에 따라 선명도가 떨어지는 것이 유감스럽기는 해도, 태반이 요즈음 구할 수가 없는 것들이어서 사료적 가치가 크다는 점에서 위안을 얻었으면

한다.

특히 2021년부터 국립중앙도서관 주관하에 (사)현대사기록연구원이 시행하고 있는 '동숭동 지역 역사에 관한 구술채록' 사업을 통해 동숭동 문리대의 희미한 모습을 조금씩 복원해가고 있는 것도 크게 도움이 되었다.

5.

자유와 다양성으로 가득했던 문리대는 내가 평생 '졸업'할 수 없던 학교였다. 지금도 내가 정신적으로는 문리대에 재학 중이라고 한다면 과장된 말일까?

그것은 문리대 시절 독재 권력에 대한 저항으로 고초를 당하다가 형식적으로 '졸업'은 했으나, 이른바 '졸업' 후에도 학생운동 배후조종 혐의로 투옥되는가 하면 대학에서 강제 해직당했고, 먹고살기 위해 취업한 입시학원 강사직에서도 박정희 후계자인 전두환에 의해 추방당하는 등 풍파를 겪었음에도 지금까지도 문리대식으로 행동하고 있기 때문이다.

박정희부터 전두환 시절에 이르기까지 나는 'A급 요시찰(要視察)'이었다. 국경일이면 형사의 감시하에 외출할 수도 없었고, 외국으로의 출국은 언감생심(焉敢生心)이었다. 노태우 정권 시절인 1988년 여권(旅券)이란 것이 처음으로 나와, 서적 구입을 위해 도쿄로 출국했을 때의 감격은 지금도 잊을 수 없다.

이 같은 사태의 근원은 모두 문리대였다. 문리대 시절 함양된 저항 정신이 '졸업' 후라고 해서 사라질 리 만무했고 이에 따라 감시가 계속 따라붙은 것이다. 그러나 자유와 다양성을 추구했던 문리대 정신이 사라지지 않고 나를 에워싸, 나이 여든에 접어든 지금까지도 여전히 나를 부추기고 있으니 어찌하랴!

6.

내게는 '평생' 졸업할 수 없었으나, 이제는 사라져 돌아갈 수도 없는 학교 - 문리대! 그 문리대의 옛 모습은 어떠한 것이었나, 거기서 우리는 그 찬란했던 젊음을 어떻게 보냈는가, 그리고 그 시절 우리가 민주 사회를 파괴한 세력에 대항해 어떤 명분을 내세워 움직였는가를 보여주려는 것이 이 책의 목표이다.

문리대의 요체(要諦)는 자유로움과 다양성이었다. 이 둘은 절대 떼어놓을 수가 없다. 자유로움에서 다양성이 생기고, 다양함을 인정해야 자유로운 분위기가 형성되는 것이다. 문학부와 이학부가 결합된 문리대는 이처럼 다양하고 자유로웠다.

당시 문리대에 있던 학과를 보자. 문학부에는 국문학과, 영문학과, 독문학과, 불문학과, 중문학과, 언어학과, 사학과, 철학과, 미학과, 종교학과, 심리학과, 정치학과, 외교학과, 사회학과, 사회사업학과, 고고인류학과, 지리학과 등, 이학부에는 물리학과, 화학과, 수학과, 지질학과, 천문기상학과, 동물학과, 식물학과 등이 있었고, 거기다 의예과와 치의예과도 문리대 이학부 소속이었다.

이 책은 우리가 문리대에 입학한 1961년에서 시작하여 문리대가 사라진 1975년까지의 자유롭고 다양했던 문리대와 그곳에서 약동했던 젊음의 모습을 그리는 것이 주요 내용이 될 것이다. 그리고 문리대에서 약동했던 젊음이 그 후 어떤 모습으로 진화했는지도 살피게 될 것이다. 이러한 추억을 통해 자유와 다양성의 중요성을 살필 것이다.

이 책에는 많은 인물이 등장한다. 이들 가운데 동숭동 문리대 출신에 대해서는 꼭 필요한 경우를 제외하고는 졸업 후의 경력에 대해 언급하지 않았다. 이후의 삶의 모습이 재학 시절과 달라진 경우가 있기는 했어도, 이 책의 목표가 개인적 삶이 아니라 동숭동 문리대의 진면목을 밝히려는 것이기 때문이다.

또한 『아, 문리대!』라는 제목의 책은 여러 권의 시리즈로 발간될 것이며, 자료 보완에 따라 수정을 거듭할 것이다. 자료 보완에 대한 동문(同文)과 관심이 있는 여러분의 협조는 구멍이 숭숭 뚫린 동숭동의 내력을 보완하여 책의 내용을 더욱 풍성하게 할 것이라 확신한다. 이번에 발간하는 『아, 문리대! ①』이 시리즈의 첫권으로 1961년부터 1963년까지의 문리대 모습을 다루게 될 것이다.

7.

　문리대는 복원되어야 한다. 오직 취직만을 위해 매진하는 오늘날 대학생들의 획일화된 모습을 바꾸어 놓아야 한다. 전문가가 외치는 다음과 같은 목소리에 귀를 기울여야 하지 않을까?

　지난 4월 사회대가 주최한 '한국 사회의 위기와 사회과학' 세미나에서 오늘날 대학이나 학과가 너무 분절화(分節化)돼 있어 한국 사회의 위기 진단과 처방이 단편적이라는 지적이 있었다. 특히 서울대는 1975년 종합화 과정에서 문리대를 해체한 후 거의 반세기 동안 과거보다 더욱 분절화된 학제를 거의 변동 없이 유지하고 있다. 그동안 가정대에서 생활과학대, 농대에서 농업생명과학대 등 일부 명칭이 변경되거나 간호대학과 자유전공학부 등의 신설이 전부였다. 학제 개편이 비교적 쉬운 대학원에서는 정부 방침에 의거해 국제대학원, 치의과대학원, 법학전문대학원이 등장했고, 최근 국제농업기술대학원, 융합과학기술대학원, 데이터사이언스대학원 등이 신설됐으나 학부 학제는 거의 변동이 없다.

　최근 과학 기술의 비약적인 발전에 따라 문명 전환이 일어나고 있는바, 이러한 변화를 반영해 서울대가 하루빨리 대학과 학과를 전면적으로 개편하는 노력이 필요하다. 그런데 이를 가로막고 있는 제도적 요인 중의 하나는 4년 단임제 총장제도이다. 학제 개편 계획 수립과 실행은 단기간에 이뤄질 수 없기 때문에 4년 임기의 총장이 리더십을 발휘할 수 없다. 학제 개편을 위해서는 총장 임기가 적어도 8년 정도는 돼야 하지 않을까? 앞으로 4년 동안 업적이 많은 총장은 연임을 보장하는 제도를 도입할 필요가 있다. 그래야 총장이 학제 개편을 비롯해 대학의 중장기적인 발전을 이룩할 수 있다.

_김용호, 「문리대를 그리워하면서」, 《대학신문》 2021.8.29.

그렇다! 다양한 가운데 창의성이 함양되도록 학제를 바로잡아야 한다. 왜 그런지를 살피기 위해 '아, 문리대!'를 외치며 긴 여정에 들어가기로 하자.

2022년 9월

송철원 쓰다

차례

프롤로그 | 왜 문리대인가? • 5

I. 회상

회상 1: 송수근(宋秀根)과 나 …………………………………… 21
회상 2: 문리대, 그 자유로움 …………………………………… 25
회상 3: 문리대, 그 다양함 ……………………………………… 29
회상 4: 문리대의 모습 …………………………………………… 35
    정소성의 문리대 소묘 • 35
    송상용의 문리대 소묘 • 40
    정준기의 문리대 소묘 • 42
회상 5: '쌍과부집'의 흥망 ……………………………………… 47
회상 6: '쌍과부집'의 에피소드 ………………………………… 53
회상 7: 학림다방, 진아춘, 배때기집, 연건식당 그리고 '수제비'와
    '꿀꿀이죽' ………………………………………………… 61
회상 8: 김열규(金烈圭) 선배의 회상 …………………………… 69
회상 9: 강인숙(姜仁淑) 선배의 회상 …………………………… 75
회상 10: 나의 할머님과 부모님 ………………………………… 79
회상 11: 부친 송상근(宋相根) 철도병원장 …………………… 85

II. 문리대 1961

1. 1961년의 배경 ··· 93
이승만 독재와 4·19혁명: 제1공화국의 붕괴 • 93
박정희의 쿠데타 미수에서 성공까지: 제2공화국의 붕괴 • 97

2. 4·19혁명 1주년과 5·16쿠데타 그리고 문리대 ·················· 103
4·19혁명 1주년: 박정희의 제3차 쿠데타 미수 • 103
5·16쿠데타, 깡패 그리고 나 • 112
문리대생 김승옥(金承鈺) • 118
문리대 정치학과 • 123
문리대 여학생 • 127

3. 1961년의 문리대 ·· 129
1961년 신입생(정치학과) • 129
1961년 공납금 • 131
신입생 오리엔테이션(4월 14·15일) • 132
신입생 환영회(4월 15일) • 137
4·19 1주년 기념 대강연회(4월 21~23일) • 139

III. 문리대 1962

1. 문리대와 술과 노래 ··· 145
기회주의와 '속물(俗物)'과 데카당스 • 145
술 먹고 노래하다가, '인사 땡기기' • 147
청진옥, 청일집, 열차집, 경원집, 실비집, 학사주점 • 153
낙원동 술집 사건 • 158
마로니에와 분수 • 164

2. 동기와 후배들 ··· 169
동기: 권근술, 박세웅, 손정박 그리고 이부영과 성유보 • 169
후배 이영섭 • 173

3. 1962년의 단상(斷想) ··· 181
　　대입 국가고시 유감 • 181
4. 1962년의 문리대 ··· 185
　　1962년 공납금 • 185
　　학림제(5월 22~26일) • 187
　　한미행정협정 촉구 시위(6월 8일) • 194

Ⅳ. 문리대 1963

1. 세상 구경 ··· 201
　　하숙집에서 쫓겨나다 • 201
　　부산에서의 낭만 ① • 205
　　부산에서의 낭만 ② • 210
2. 《새세대》 합숙 ··· 213
　　《새세대》: 문리대 학생신문 • 213
　　밤의 《새세대》 • 217
　　방송극 〈가슴을 펴라〉 • 221
3. 김덕창(金德昌), 서울대 총학생회장 출신 중앙정보부원 ············ 225
4. 1963년의 문리대 ··· 233
　　자유수호 궐기대회(3월 29일) • 233
　　자유수호 궐기대회 주모자 5명 정학 처분(4월 5일) • 237
　　군정 연장 반대 시위(4월 19일) • 239
　　문리대 학생회장 선거(4월 27일) • 242
　　제2회 학림제(5월 18~25일) • 244
　　민족주의비교연구회(민비연) 창립(10월 4일) • 248

에필로그 | 문리대의 소멸_김숭웅 • 257

I
회상

과거 동숭동 서울대 문리대 전경으로 뒤쪽에 낙산이 보인다. 학생들은 문리대 앞에 있는 개천을 '세느강'이라 했고, 그 위의 문리대로 들어가는 다리는 '미라보 다리'라며 멋을 부렸다. 오늘날은 개천이 복개되어 '세느강'과 '미라보 다리'는 사라지고, 문리대 캠퍼스는 마로니에 공원으로 변해 현재 남아 있는 것은 마로니에 나무와 오른쪽의 서울대학본부 건물뿐이다.|사진출처: 경향신문

회상 1

송수근(宋秀根)과 나

내가 다녔던 서울대 문리대는 지금 이름도 캠퍼스도 남아 있지 않다. 이름은 인문대학·사회과학대학·자연과학대학으로 세 토막이 났고, 캠퍼스는 종로구 동숭동에서 저 멀리 관악구로 옮겨갔다. 옛날 동숭동 캠퍼스 자리는 이른바 문화의 거리라지만 향락이 뒤범벅된 거리로 바뀌어 대학로라는 명칭만이 그곳에 대학이 있었음을 말해주고 있을 따름이다.

문리대를 다닌 사람 대부분이 그러하듯이 나 역시 문리대에 대한 긍지만은 가히 고집이라 할 수 있을 정도로 강하다. 이야기 하나를 해보자.

내가 아는 선배 한 사람이 뭐가 뭔지도 모르고 아차 실수(?)하여 그만 법대(法大)로 가버렸다. 그 실수를 만회하고자 거의 매일 옆에 있던 문리대로 넘어와 문리대생이 되고자 했으나, 결국 졸업장은 바꿀 수가 없었다. 그래서 술 취해서 주변에 문리대 출신이 있으면 보복 심리에선지 마구잡이로 괴롭힌다고 문리대를 졸업한 부인이 하는 이야기를 뿌듯한 우월감을 갖고 경청한 적이 있다.

그렇다면 나는 왜 문리대에 들어왔단 말인가? 그것도 정치학과에. 예나 지금이나 공부깨나 하면 가는 의대·법대가 싫어서였을까? 독문과에 가겠다고 하면 집에서 펄펄 뛸 게 뻔하니 그랬을까? 당시 이승만 자유당의 부패정치에 분개해서였던가? 여하튼 나는 1961년 서울대학교 문리과대학 문학부 정치학과에 입학했다. 부친께서 남긴 일기에 의하면 합격생 42명 중 17등인가 하는 평범한 성적으로.

함께 문리대에 다니기를 기대했지만 가기 싫다던, 그러나 사람들이 우러러보던 서울대학교 법과대학으로 가서 결국에는 자살해버린 송수근(宋秀根)이라는 친구가 이따금 생각이 난다. 군산중학을 졸업한 수근이는 그의 이름에 나오는 '수(秀)' 자처럼 과연 수재(秀才)였다. 당시에는 중·고등학교 입시가 있었다. 경기중학 출신은 고등학교 입시에 떨어져도 슬쩍 다 붙여주고 다른 중학교 출신은 통틀어 60명가량만 뽑았는데 거기 들었으니 말이다. 수근이처럼 다른 중학교에서 경기고등학교에 진학한 학생은 전국 대표 수재라 할 만했다.

수근이도 나처럼 키가 작아서 고등학교 3학년 때 나는 3번, 그는 4번이었다. 가끔 문제가 되었던 것은 키순서대로 두 줄로 서는 조회(朝會) 시간이었다. 1번과 2번인 친구들이 번갈아 결석하거나 둘 다 결석하는 경우가 흔해서 우리는 맨 앞에 부동자세로 서 있거나 툭하면 선생님의 잔심부름을 해야만 했던 것이다.

우리 둘은 대학에 가서 문학을 공부하고 싶었다. 나는 독일어 공부에 재미를 붙여 독문학과에 가고 싶었고, 수근이는 국문학과에 진학해 작가가 되고 싶어 했다. 그런데 골치 아픈 문제가 생겼는데, 그것은 둘 다 공부를 곧잘 한다는 고민이었다. 특히 수근이는 모의고

고등학교 졸업앨범에 있는 송수근(왼쪽)과 나

사에서 전교 수석을 도맡아 할 정도였다. 그러니 국문과든 독문과든 언감생심 말조차 꺼낼 수 없었고 지방 출신이고 부모님의 기대를 한몸에 받고 있었던 수근이는 더욱더 진퇴양난이었다.

법대든 의대든 적성과 성격에 맞으면 문제 될 것 없지만 그에게는 맞지 않았던 것 같다. 나는 부모님의 기대를 용케 벗어나 문리대로 왔는데, 어쩔 수 없이 법대로 진학한 수근이는 고민이 많았던 모양이다. 나는 문리대에 들어왔으니 당연히 문리대식으로 행동했지만, 그렇지 않은 수근이가 수업 시간인데도 당구를 치거나 막걸리 마시는 등 문리대식으로 행동하는 것을 가끔 본 적이 있었다.

당시 2학년이 지나면 법대에는 고시 합격생이 슬슬 나타나기 시작했다. 거기에 좌절했는지 어쨌는지는 문리대식 생활에 탐닉하고 있었던 나로서는 잘 알 수 없었지만, 수근이는 어느 날 바람같이 사라져버리고 말았다. 절벽 위에서 떨어지면 기분이 참 좋겠다는 식의 글을 써놓고 버스값 정도의 돈만 갖고 홀연히 사라졌다. 친구들이 산이건 강이건 갈 만한 곳을 뒤져보았지만 찾을 수 없자 자살해버렸음이 틀림없다는 등 세상이 귀찮아서 월북했을지도 모른다는 등 이런저런 추측이 많았으나 여러 정황으로 보아 자살했다는 결론을 내렸다.

  지금도 가끔, 아주 가끔 송수근 생각이 난다. 도수 높은 안경을 끼고 좀 촌티가 나지만 순수했고 나와 본관이 같은 여산(礪山) 송가였던 송수근, 그가 문리대 국문과에 진학했더라면 참 멋진 작품을 썼을 텐데 하고 지금도 가끔, 아주 가끔 생각해본다.

회상 2

문리대, 그 자유로움

서울대 문리대, 즉 문리과대학(文理科大學)을 영어로 하면 'College of Liberal Arts & Sciences'이다. 영영사전의 'liberal arts'에 대한 설명은 이러하다.

> At a university or college, liberal arts courses are on subjects such as history or literature rather than science, law, medicine or business.

그러니까 나는 문학부(文學部)와 이학부(理學部)로 구성된 대학인 문리대(文理大) 중 '문학부' 즉 '역사나 문학(history or literature)' 같은 'liberal arts' 분야를 공부하는 부문에 입학했고, 'liberal arts' 분야란 나로서는 별 관심이 없던 'science, law, medicine or business'를 제외한 분야이며, 또한 'liberal'이라는 단어가 함축하는 의미를 볼 때 어찌어찌하다 한 문리대에 대한 나의 선택은 실로 탁월했다는 사실을 나중에 알게 되었다.

4년간의 나의 문리대 생활은 'liberal' 했고 또한 나는 'liberally' 행동했다. 나중에 알게 된 일이지만 교수들 또한 'liberal' 했고 'liberally' 하게 학사를 처리했다 한다. 지금은 정치외교학부로 통합되어 있지만, 당시 교수들이 기분에 따라 정치외교학과를 정치학과와 외교학과로 분리한 점도 그렇고, 특히 30명이었던 정원을 42명으로 불려놓은 것은 지금 같으면 천지개벽할 일이었다. 30명이 42명으로 둔갑한 경위는 대충 이러하다.

1961년 문리대 정치학과 입학 정원은 원래 30명이었다. 그런데 시험을 치른 결과 4·19혁명 다음 해라서인지 정치학과와 외교학과의 인기가 치솟아 정원대로 30명을 뽑으면 커트라인이 너무 높아져서 커트라인이 낮은 다른 과의 정원을 10명씩 빼다가 정원을 각각 40명으로 늘리기로 했다고 한다. 골치 아픈 일은 그다음에 일어났다.

서막을 연 것은 정치학과였다. 성적순으로 뽑다 보니까, 39명까지는 잘 나아가다가 40명 째에서 동점자가 세 명이 나왔다는 것이다. 문제는 동점자 세 명 모두가 내가 졸업한 K고등학교 출신이었다는 데 있었다. 공교롭게도 당시 정치학과를 주도하던 교수 두 분도 K고등학교 출신이라선지, 에라 모르겠다 하고 후배 세 명을 모두 합격시켜 42명이 되었다는 것이다. 외교학과 합격생도 덩달아 2명이 더 불어난 42명이 되었음은 물론이다.

이런 황당한 이야기를 나에게 전해준 사람은 정치학과 동기 김학준(金學俊)이었다. 졸업 후 모교 정치학과 교수가 되었을 때 선배 교수에게 들었다는 것이다. 지금은 생각할 수도 없는 호랑이 담배 먹던 시절의 이야기지만 생각해 보면 어쩔 수 없는 일이기도 했다. 당시에

1961년도 문리대 정치학과와 외교학과 합격자 명단(《동아일보》1961.3.13. 2면). 정치학과 합격자 명단 가운데 안석주(安錫柱)의 '安'이 '宋'으로, 배한룡(裵漢龍)의 '漢'이 '洪'으로 잘못 표기되어 있고, 성유보(成裕普)의 당시 이름은 '성철수(成澈洙)'였다. 합격자 명단 말미에 '42명'이라고 뚜렷이 표기되어 있다.

는 입시 성적 이외에 별다른 선발 기준이 없었기 때문이다. 일종의 면접시험인 '구두시험'이 있긴 했지만, 형식적이었고 교수들도 별로 중요시하지 않았다.

그 당시 정치학과 '구두시험'에서 이런 일도 있었다고 한다. 잔뜩 긴장하고 있는 수험생에게 느닷없이 "안록산(安祿山)은 어느 나라 산이지?" 하고 교수가 장난삼아 불쑥 물으면, 안록산이 중국 당나라 현종 때 반란을 일으킨 무인이었는데도 당황한 나머지 "예, 중국에서 제일 높은 산입니다"라든지 "네, 압록강 옆에 있는 산입니다"와 같이 엉뚱하게 대답해서 교수들이 웃지 않을 수 없었다는 것이다.

문리대의 특징은 이 같은 '자유로움'이었다. 얼핏 보면 멋대로인 것처럼 보일지는 몰라도, 남에게 피해를 주지 않는 낭만이 깃든 '자유로움'이었다. 그것은 누구의 간섭도 싫어하는, 독자성을 향한 몸

회상 2: 문리대, 그 자유로움

부림이었다. 이 '자유로움'이 이 책의 주제가 될 것이다.

그런데 우리가 문리대에 입학한 지 얼마 되지 않은 1961년 5월 16일, 박정희(朴正熙, 1917~1979)의 군사쿠데타가 일어나 이 '자유로움'과의 충돌을 예고했다.

박정희는 쿠데타를 그날 처음 시도한 것이 아니었다. 민간정부를 뒤집어엎으려는 그의 시도가 지극히 고질적이었다는 사실을 안 것은 한참 후의 일이었다. 그가 쿠데타를 처음 시도한 것은 5·16쿠데타 10년 전부터였다. 1952년 5월 이승만 정권을 타도하려는 쿠데타 시도에 가담한 것을 시작으로, 1960년 5월 8일 또다시 이승만 정권을 전복시키려고 움직이다가 학생들이 먼저 4·19혁명을 일으키는 바람에 좌절되었다. 이어서 1961년 4·19혁명 1주년 기념일에는 폭동을 유발하여 장면 정권을 타도하려다 폭동이 일어나지 않아 실패했으며, 날짜를 늦춰 5월 12일 또다시 쿠데타를 시도했으나 기밀 누설로 나흘 연기하여 마침내 5월 16일 장면 정권을 무너뜨린 것이었다.

이렇게 성립된 박정희의 군사정권은 대학의 사회과학 계열 학과 정원을 대폭 감축했다. 박정희 자신이 무너뜨리려던 이승만 정권을 학생들이 4·19혁명으로 타도한 것을 목격했기 때문이었다. 1961년 42명이었던 문리대 정치학과 입학 정원은 1962년에는 20명으로 반토막이 되었고, 다른 대학도 마찬가지였다. 이에 따라 동숭동 쪽의 학생운동권 기상도도 변화를 일으켜, 문리대 쪽에서 법대 쪽으로 학생운동의 주류가 일시적으로 옮겨가게 된다. 이 이야기는 나중에 나올 것이다.

회상 3

문리대, 그 다양함

문리대의 또 다른 특징은 다양성이었다. 조그마한 캠퍼스에 인문·사회·자연과학이 동거하고 있었으니 주워들은 풍월만으로도 전문가인 체할 수 있을 정도였다. 문리대에 있던 학과를 생각나는 대로 말하면, 문학부에는 국문학과, 영문학과, 독문학과, 불문학과, 중문학과, 언어학과, 사학과, 철학과, 미학과, 종교학과, 심리학과, 정치학과, 외교학과, 사회학과, 사회사업학과, 고고인류학과, 지리학과, 이학부에는 물리학과, 화학과, 수학과, 지질학과, 천문기상학과, 동물학과, 식물학과 등이 있었고, 거기다 의예과와 치의예과도 문리대 이학부 소속이었다.

이런 다양성 덕분에 사회과학 분야인 정치학을 공부하러 문리대로 온 나는 '문사철(文史哲)' 즉 문학·사학·철학을 자연스럽게 접하면서 나름대로 지적 풍요로움을 만끽할 수 있었다. 철학의 하위 분야인 미학(美學)을 전공한 김지하(金芝河)는 사회과학도들과 어울려 현실에 대한 비판의식을 갖추게 된다. 김지하는 1959년 서울대 미술대학 미학과에 입학했으나, 1961년 미학과가 문리대로 옮겨와 문리대생이 되어 1961년에 입학한 나와 친구가 되었다. 김지하는 문리대의 다양성에 대해 다음과 같이 말하고 있다.

> 서울대학교 문리과대학은 무수한, 그러나 저마다 개성이 다른 온갖 낭만주의자들로 붐볐고 그들의 목청 높은 토론 진행으로 밤낮 시끄러웠다. 마치 백화제방·백가쟁명과 같았다. 마르크스에서 최수운·최한기(崔漢綺)에 이르기까지, 단군에서 석가·공자·노장(老莊)과 예수까지, 레닌에서 농업사회주의의 사회혁명당 마노프까지, 발레리에서 브레히트까지, 정지용에서 서정주, 김기림에서 임화, 마야코프스키에서 예세닌까지, 그리고 마티스·피카소에서 시케이로스·리베라까지, 샹송과 재즈에서 민요·판소리·무가(巫歌)와 정악(正樂)에 이르기까지.
>
> _김지하, 『흰 그늘의 길 1』, 도서출판 학고재, 2003, 370쪽.

김지하의 본명은 '김영일(金英一)'이다. 그가 '지하'라는 필명을 갖게 된 것도 어찌 보면 '자유로움'과 '다양성'의 소산이라고 할 수 있다. 어느 여름날 막소주에 왕소금을 안주로 거나해져 갈지자로 길을 걷고 있는데, 문득 '지하다방'이라는 간판이 '김영일'의 시야에 들어왔다. 그렇다! 지하(地下)! 레지스탕스! 그래서 흔한 본명 대신 갈 지(之)에 여름 하(夏), '지하(之夏)'로 하기로 했는데, 그 후 어느 날부터인가 언론에서 '지하(芝河)'로 표기하는 바람에 그대로 굳어져버린 것이다.

이러한 사실은 1965년 9월, 김지하가 도피하며 '之夏'라는 이름으

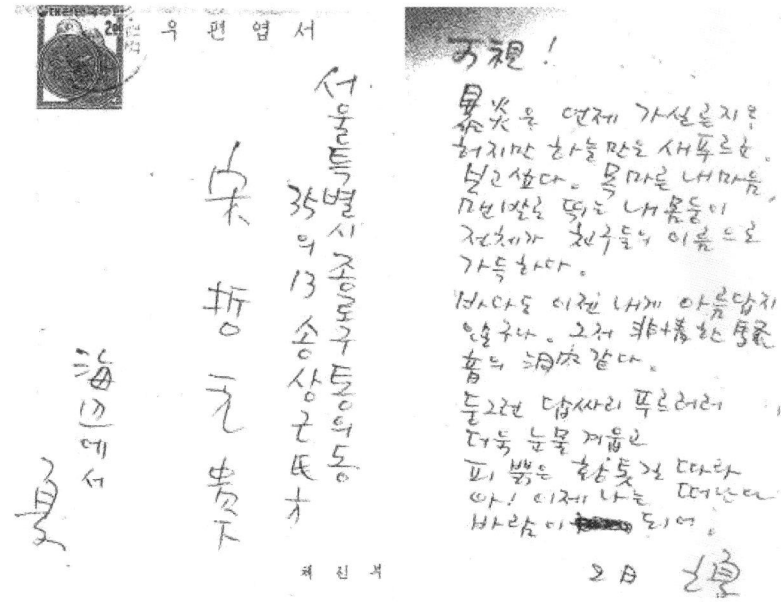

1965년 9월 2일 자 이 엽서는 김지하가 도피하며 나에게 보낸 것으로 자신의 이름을 '之夏'라고 쓰고 있다. '가시'는 내가 생선 가시처럼 비쩍 말랐다고 김지하가 나에게 붙여준 별명이고, 내가 세상을 볼 줄 아는 눈이 있다고 하여 한자로 '可視'라고 표기했다.

로 '해변(海邊)에서' 나에게 보낸 엽서가 분명히 말해주고 있다. 엽서 내용이 한 편의 시다. 그는 천생 시인이었다.

가시(可視)!

폭염은 언제 가실른지?

허지만 하늘만은 푸르르군.

보고 싶다. 목마른 내 마음,

맨발로 뛰는 내 몸뚱이 전체가
친구들의 이름으로 가득하다.
바다도 이젠 내게 아름답지 않구나.
그저 비정한 소음의 동혈(同穴) 같다.
둥그런 답싸리 푸르러러
더욱 눈물겨웁고
피 붉은 황톳길 따라
아! 이제 나는 떠난다.
바람이 되어.

      2일 지하(之夏)

  그런데 독재자란 자기 생각만 옳다고 여기는 부류이니, 바로 자유와 다양성을 가장 혐오한다. 즉 자유와 다양성을 방종으로 치부하여 어떻게든 이를 억눌러 획일화하려 한다. 그러니 자유롭고 다양하던 문리대와 박정희가 충돌한 것은 당연한 일이었고, 이 충돌을 통해 시 쓰고 연극 하던 김지하가 본격적인 투사로 변모하게 된 것이다.
  김지하가 투사로서의 삶에 들어선 것은 선언문 사건 때문이었다. 1965년 3월 김지하와 나 그리고 친구 몇 명이 모여 박정희가 진행하던 한일회담을 비판하는 선언문 등을 작성하다가 이 일이 중앙정보부에 발각되어 나는 구속되고 김지하는 도피한 일이 있었고 그때 보낸 것이 앞의 엽서다. 후일 그는 도피했던 일에 대해 다음과 같이 기록했다.

그날 밤, 나는 수유리에 숨어 있었다. 그때, 나를 지키기 위해 내 곁에 있던 정남, 한때 김영삼 정부에서 교육문화 수석비서관을 한 그 김정남(金正男)이 시내에 갔다 와서 정보부가 내 어머니, 아버지를 잡아다 나 숨은 곳을 대라고 전기고문을 서너 차례나 한 끝에 아버지가 졸도하고 고혈압이 크게 터져 반병신이 돼버렸다는 얘기를 나직나직 들려주었다.

우리는 소주를 마셨다. 희뿌옇게 먼동이 터올 때 뒷산 의암 손병희 묘소 근처에서 밝아오는 동쪽을 바라보고 혼자 속으로 굳게 맹세했다. '내 눈에 흙이 들어가기 전까지는 반드시 박정희를 무너뜨리겠다!'

_김지하, 『김지하 회고록—흰 그늘의 길 2』, 도서출판 학고재, 2003, 94쪽.

회상 4

문리대의 모습

정소성의 문리대 소묘

지금은 거의 흔적도 없이 사라져버린 동숭동 문리대. 불문학과 64학번 정소성(鄭昭盛)이 쓴 글(「사라진 서울대 문리대의 추억」)을 다소 수정·가필하여 문리대의 옛 모습을 복원해보면 이렇다.

불문학과 64학번 정소성

문리대 건물들은 낙산을 배경으로 서쪽을 향해 자리 잡고 있었다. 지금 대학로와 마로니에 공원 정문 사이에는 폭이 한 20미터쯤 되는 도랑이 흐르고 있었는데, 성북천의 지천으로 청계천으로 흘러가는 것이었다. 학생들은 이 도랑을 '세느강'이라고 불렀고, 정문 앞 이 도랑 위에 놓인 다리를 '미라보 다리'라고 불렀다. 이 정문은 길 건너 서울대 의과대학 동문(東門)과 마주 보고 있었다.

1965년 8월 26일, 박정희는 한일협정 비준 반대 데모를 진압하기 위해 위수령을 발동했다. 사진은 위수령 발동 후 문리대 정문이 닫힌 채 무장군인들이 지키고 있는 모습으로, '세느강' 위의 '미라보 다리' 난간 위에는 정보원으로 보이는 사람들이 걸터앉아 있다.

　　지금 아르코예술극장이 서 있는 위치에 문리대 도서관 건물이 들어서 있었다. 이 건물의 2층이 도서관열람실이었고, 한옆으로 영문학과와 철학과가 있었다. 아래층에는 동부연구실이라 하여 불문학과 독문학과 중문학과 사학과 등이 자리하고 있었다. 아르코예술극장 뒤편 북쪽에 동부 강의동이 있었고, 이어서 낙산 쪽으로 이과동이 자리 잡고 있었다. 그리고 동부 강의동을 넘어서 북쪽으로 대운동장이 있었다. 이 동부 강의동이 1964년 학생들이 박정희가 추진하던 한일협정에 반대하여 단식투쟁하던 장소였다.

　　마로니에 공원 정문에서 낙산을 향해 섰을 때 가장 앞에 정문이 있고, 그 뒤 동쪽으로 마로니에 나무가, 그 뒤로 현재 아르코미술관 자리에 문리대 본부건물이, 그 뒤로 이과 강의동이 자리 잡고 있었다. 그러나 지금은 마로니에 나무 외에는 모두 사라지고 없다.

마로니에 공원은 옛 문리대 터였지만, 해방 전에는 일제의 경성제국대학 터였다. 그 당시에는 문리대가 없었으니, 정확히 말하면 경성제국대학 법문학부 터였다. 일제 패망 후 경성제국대학이 서울대학으로 바뀌고 문리대와 법과대학으로 갈라진 것이다. 지금은 종로구 관할 마로니에 공원으로 바뀌었다.

그러나 마로니에 광장을 중심으로 한국문화예술위원회, 정문 터, 아르코예술극장, 아르코미술관으로 이루어지는 좁은 부지, 즉 과거 문리대 전체 부지의 3분의 1 정도만이 종로구 관할이고, 나머지 북쪽 대운동장 부분 등은 상업지구로 바뀌어 각종 식당·주점 등이 들어서 있다.

마로니에 나무 밑에는 '서울대학교유지기념비'라는 시설물이 설치되어 있다. 옛 문리대의 전 강의동과 본관 도서관 건물의 모형이 축소되어 전시되어 있고, 그 옆에 설명판이 서 있다. 그러나 이것은 잘못된 것이다. 이 모형물들은 서울대학교 본부건물을 제외하고는 전부 문리대의 것이다.

서울대 캠퍼스는 한 곳에 있지 않고 여기저기에 흩어져 있었다. 다만 본부건물만 문리대 영역 안에 있었다. 그래서 지금의 마로니에 공원은 서울대학이 아니라 서울대학교 문리과대학 부지이다. 하기야 문리대도 서울대학이니 꼭 틀렸다고만 할 수 없을지도 모르겠다.

1960년대 초 문리대 주변은 이러했다. 마로니에 공원 자리에 있던 문리대 쪽으로는 개천이 흐르고 있어서 식당이나 상점이 없었고, 건너편 연건동의 서울대학병원 동문 쪽에 혜화동에서 종로5가 방향으로 쌍과부집, 중국식당 진아춘, 학림다방, 배때기집, 대학다방, 연건식당 등등 하나같이 우리의 추억을 자극하는 곳들이 열 지어 있었다. 그리고 종로5가 쪽으로 더 내려가면 공업연구소 건너편에 낙산다방, 중국식당 공락춘(共樂春) 등이 있었다.

이들 가운데 학림다방과 진아춘만이 지금까지 남아 있다. 학림다방은 건물은 새로 지었지만, 옛 장소에 이름을 그대로 달고 남아 있다. 문리대생과 교수들이 단골로 다니던 중국집 진아춘은 장소는 바뀌었지만 역시 옛 이름은 그대로 달고 있다. 문리대생의 아지트였던 쌍과부집 자리에는 보쌈집이 영업 중이나, 예전의 쌍과부집과는 아무 관련이 없다.

이 식당과 다방들은 당시 너무도 가난했던 학생에게 현금이 없어도 커피와 자장면과 막걸리를 학생증을 맡기면 제공해주었다. 학생증만이 아니었다. 학교 교재, 책가방, 심지어 쓰고 있던 안경까지 잡히기도 있었다. 그래서 막걸리집·중국집과 다방에는 찾아가지 않은 학생증과 책 등이 언제나 수북이 쌓여 있었다.

문리대는 어떻게 생기게 되었을까? 나라가 일제에 먹혀 허덕이던 1920년, 그래도 나라와 민족을 지켜야 한다는 백여 명 민족주의자들은 재단법인 조선교육회를 창립하고 조선민립대학의 설립을 추진했다. 이에 놀란 조선총독부는 1924년에 경성제국대학을 설립하여 기선을 제압했다. 일본인의 교육과 문화적으로 민족 말살을 목적으로 했기 때문에 조선인의 입학은 아주 어려웠다.

1945년 8월 15일 일제가 패망했을 때 이 땅에 있던 고등교육기관은 경성제국대학과 몇 개의 관·공립 및 사립전문학교가 전부였다. 이해 9월 남한의 미군정청은 경성제국대학을 경성대학으로 이름을 바꾸고, 1946년 6월 19일 경성대학과 경성의학전문학교, 경성치과의학전문학교, 경성법학전문학교, 경성고등공업학교, 경성고등상업학교, 수원고등농업학교 등을 통합하는 국립서울대학교 설립안(국대안)을 발표했다.

미군정청은 이 안에 따라 경성제국대학 법문학부의 문과계와 1941년에 개설된 경성제국대학 이공학부 내의 이공계를 합쳐 서울대학교 내에 문리과대학을 만들었다. 다른 단과대학들은 경성제국대학 내의 법학계, 공과계, 농학계, 사범계 등과 기왕에 존재하던 국립전문대학들과의 통합으로 이룩되었다. 이에 대해 '국대안 반대 운동'이 일어나 학생들이 동맹휴학에 들어가기도 했으나, 결국 국립서울대학교가 탄생한다.

국립서울대학교는 여러 학교를 모아 탄생했기 때문에 단과대학이 사방에 흩어져 있었다. 1963년 현재 문리과대학과 대학본부는 동숭동에, 의과대학은 문리대 건너편 연건동에, 치과대학은 소공동에, 의예과·치의예과는 청량리에, 법과대학은 동숭동에, 미술대학은 연건동에, 음악대학은 을지로6가에, 상과대학은 제기동에, 공과대학은 공릉동에, 농과대학은 가장 멀리 수원에 있었다. 서울대학교가 관악 캠퍼스로 통합된 것은 1975년이었다.

송상용의 문리대 소묘

화학과 55학번 송상용
|사진출처:《한국인권신문》

문리과대학은 문학부와 이학부로 구성되어 있었다. 송상용(宋相庸)은 1955년 이학부 화학과에 입학하여 졸업한 후, 문학부 철학과에 학사편입하여 1962년 졸업한 문자 그대로 '문리(文理)'대생이라는 독특한 학창 생활을 한 인물이다. 다음은 그가 동숭동 문리대 시절 이학부의 모습을 그린 글이다.

문리과대학은 1924년 문을 연 경성제국대학 법문학부의 문학과 1941년에 추가된 이공학부의 이학을 합쳐 만든 대학이다. 서울대학교의 다른 단과대학들이 모두 전문학교를 기초로 했거나 제국대학에 전문학교를 합해 만들었기에 제국대학의 정통을 이어받은 문리대의 긍지는 대단했다. 내가 입학한 1950년대에는 아직 국대안 반대의 분위기가 남아 있어 서울대 아닌 문리대로 불리기를 좋아했고 배지도 종합대 대신 문리대 배지를 달고 다녔다.

문학부가 경성제대 법문학부 건물에 손쉽게 들어간 데 비해 이학부는 공릉동에서 청량리를 거쳐 동숭동으로 옮겨 다녀야 했다. 경성대 이공학부의 물리학과와 화학과는 공릉동의 훌륭한 건물에 있었는데 해방 후 미국 육군병원에 뺏기자 1946년 청량리 예과 건물로 옮겼으나 한국전쟁 때 타버려 동숭동으로 오게 되었다.

1953년 휴전이 되면서 이학부는 동숭동 캠퍼스에 자리를 잡았다. 아직도 남아 있는 대학본부 건물에서 법대 쪽으로 가면 목조 구름다리가 나오는데 그 너머에 화학과 건물 두 동이 길게 나란히 있었다. 이 건물들은 경성공업전문학교 응용화학과가 쓰던 곳으로 가건물은 아니었다. 실험실과 강의실 사무실, 도서실이 제대로 갖추어 있었다. 그 앞에는 지질학과 건물이 나란히 있었고, 더 가면 중앙공업연구소 큰 건물이었다. 거기서 법대 쪽으로 가다가 왼쪽에는 물리학과 2층 건물이 있었다.

수학과는 문학부 동부연구실 건너편 박물관 뒤에 있었고, 나중에 천문기상학과가 들어와 옥상에 망원경도 설치했다. 생물학과는 문리대 본관과 구내식당 사이에 있었다. 1962년에 이학부 건물을 운동장 쪽에 착공해 1967년 4층 건물이 준공되었다. 여기저기 흩어져 있던 이학부 여러 과가 입주했고 늦게 생긴 해양학과는 구 화학과 건물로 들어가기도 했다. 새 건물 아래층 그늘에서는 연좌데모가 자주 벌어지곤 했다.

종합 캠퍼스 후보지로 동숭동·연건동이 거론되었으나 1975년 관악으로 결정되면서 새 이학부 건물은 물론 본관·도서관·연구실이 다 헐려버렸으니 안타까운 일이다. 그래도 의약 캠퍼스가 남은 것은 다행이다. 더욱 슬픈 것은 '대학의 대학'으로 불린 문리과대학이 인문대·사회대·자연대로 나뉜 것이다. 학생·조교·강사로 20년 머물렀던 동숭동은 이제 내게 너무나 낯설다.

정준기의 문리대 소묘

의예과 71학번 정준기 |
사진출처:《방사선의학 웹진》

당시 의과대학 의예과는 문리과대학 소속이었다. 다음 글을 쓴 정준기(鄭俊基)는 1971년 의예과에 입학하여 2년간 동숭동 문리과대학에서 공부한 후 그 건너편 연건동에 있는 의과대학을 졸업하고 그곳에서 교수 생활을 하여 '인생의 대부분'을 연건동에서 보낸 인물이다. 그가 그린 문리대의 옛 모습을 되돌아보자.

서울대학교가 옮기기 전에 이곳 종로구 동숭동과 연건동과 이화동에 여러 단과대학이 모여 있었다. 이 지역을 좁지 않은 폭의 개천이 청계천으로 흐르면서 동쪽 낙산 방향에 본부·문리과대학·법과대학이 있었고 서쪽인 창경궁 방향으로 의과대학·약학대학·음악대학·의대부속병원이 자리 잡고 있었다.*

남쪽 이화동 사거리에 미술대학과 사범대부속 초등학교를 세웠다.

왕복 1차선인 좁은 도로가 개천 서쪽에 있어서 반대편 단과대학은 다리로 개천을 건너 연결되어 있었다. 청춘인 학생들은 본부가 같이 있는 문리대로 들어가는 다리를 낭만적으로 '파리 세느강의 미라보 다리'라고 불렀다. 은행나무와 플라타너스인 가로수는 땅이 좋아서 다른 곳보다 키가 월등히 높았다. 당시 대학로는 가게가 거의 없는 한적한 주택가로 도로, 개울, 다리, 가로수 등이 제법 아름답게 조화를 이루고 있었다.

해방과 함께 미군정에 의해서 서울에 있던 국공립 고등교육기관들이 합쳐져 서울대학교가 되었다. 미네소타 프로젝트로 서울대학교는 짧은 기간 내에 현대적인 면모를 갖추게 되었다. 이상재 선생님의 예견대로 일제 때 경성제국대학에서 공부했던 한국인들이 신생 대한민국 설립에 많은 기여를 했다. 또한 서울대학교는 민족의 대학이 되어 해방 후 지금까지 서울대학교와 졸업생이 우리나라 근대화와 세계화의 주축이 되어왔다.

1960년대와 1970년대 소위 개발독재를 하던 군 출신 박정희 대통령은 서울 도심지에 있는 반정부 학생운동의 온상인 서울대학교가 눈에 걸렸다고 한다. 마침내 관악산 기슭에 자리 잡고 있던

---

* 서울대 음악대학은, 원래 예술대 음악부였던 것이 음악대학으로 개편된(1953.4.) 후 동숭동 문리대 구내로 이전(1953.8.)했다가 의대 구내 함춘원으로 옮겼고(1956), 다시 을지로 6가의 약학대학 건물로 교환 이전했다(1959.8.). 음악대학이 관악 캠퍼스 예술관으로 옮겨간 것은 1976년 3월이었다.

골프장을 남쪽으로 옮기고 1975년 그 외진 장소로 서울대학교를 이전했다. 단지 병원과 연계된 의과대학·치과대학·간호대학은 그 자리에 남았다.

마로니에 공원으로 본부 앞 광장 일부만 남기고, 넓은 학교 부지를 주거단지로 분양했다. 처음에는 주택가였으나 연극·뮤지컬·영화관 같은 공연장이 하나둘 생기고 젊은이들이 모여들면서 식당과 상점으로 번잡한 대학로가 되었고, 세느강이라고 불리던 하천은 시멘트로 복개하여 그 위에 차도를 확장했다.

이곳에 있는 마로니에는 1929년에 일본인 이노우에 교수가 남프랑스에서 묘목 세 그루를 가져와 심은 것이다. 당시에는 가는 회초리 같았으나 지금은 아름드리나무로 크게 자라 은행나무·느티나무와 함께 공원을 꾸미고 있다. 손바닥 모양의 잎을 가진 우아한 자태의 마로니에와 샛노란 은행나무 앞에 있는 4·19탑, 우람한 느티나무로 둘러싸인 도서관, 세느강과 나란히 하고 있던 교수 연구실 같은 옛 캠퍼스 풍경이 아스라이 내 기억 속에 남아 있다.

필자는 1971년 이곳에 신입생으로 와서 지금까지 46년을 마로니에 공원 옆에서 지내고 있다. 예과 2년을 미라보 다리를 건너다니며 문리과대학에서 공부했고, 의과대학생, 대학병원 전공의와 의대 교수로 인생의 대부분을 연건동에서 살고 있다. 의예과 과정 동안 문리대에서 당대 최고의 지성이었던 교수님들의 강의를 듣고 인문학의 자유로운 분위기를 접하고, 의과대학에서는 인간 생명을 다루는 학문의 엄격함과 치열함을 배웠다. 한편으로는 군사독재와 민주화 과정의 혼란과 신념을 동참하면서 성장했다. 물론 경제개발과 선진사회를 향한 우리의 집념과 성과도 같이 나누었다.

_「정준기의 마로니에 단상(53)」,《의사신문》 2016.12.26.에서 발췌·정리.

회상 5

'쌍과부집'의 흥망

1960년대 초 문리대를 다녔던 사람들에게 문리대 주변에 있던 가장 인상적인 장소를 말하라고 하면 서슴지 않고 '쌍과부집'이라고 할 것이다. '쌍과부집'을 드나들며 벌어졌던 숱한 에피소드를 소개하기에 앞서, '쌍과부집'의 내력과 모습을 1964년 4월 23일 자 언론 보도를 통해 살펴보기로 하자.

서울대 문리대에서 혜화동 쪽을 향해 30미터쯤 걸어가면 맞은편 골목에 금시라도 쓰러질 것 같은 판잣집이 하나 있다. 먼지와 그을음으로 꺼멓게 된 유리창을 통하여 젊은 얼굴들이 보이고 때때로 고성(高聲)과 합창이 흘러나오기도 하는 이 초라한 집이 대학가에서도 이름난 대폿집 '쌍과부집'이다. 이 재미난 이름은 두 외로운 과부가 정답게 공동영업을 한다 해서 학생들이 붙인 것.

작년 1월 한 과부가 독립해서 나감으로써(현재 을지로5가에서 개업) 한동안 '외과부집'이 되었다가 지난해 여름 또 한 사람의 과부가 입사(入舍)했기 때문에 또다시 '쌍과부집'의 명분을 살렸다는 에피소드는 듣는 사람이면 누구나 입술 위에 떠올라오는 미소를 금

'쌍과부집'을 보도한 《경향신문》(1964.4.23. 5면)

치 못한다.

이 집 주인 김정옥(金正玉, 43) 씨가 맨 처음 대폿집을 시작한 것은 이미 10년 전. 지금의 진아춘(문리대 맞은편 중국집) 자리에서 개업했을 때는 학생들도 별로 오지 않았었다. 4·19 당시 명륜동(수도의대 옆)으로 옮겼다가 3년 전 현재의 자리로 왔다는 것. 앞으로는 딴 곳으로는 이사하지 않을 것이란다. 테이블(나무판자)이 도합 4개밖에 되지 않는 비좁은 장소지만 많을 때는 30명이 들어찬다고 김씨는 자랑스러워한다. 주로 서울대 문리대·미대생이 단골손님이고 때때로 앳된 얼굴의 여대생들도 구석 자리를 차지한다고.

때로는 연애자금 충당을 위해 슬그머니 돈을 꿔가기도 하고 좌절당한 이상에 대한 분풀이를 애매하게 해대어도 그저 흐뭇하기만 하다는 것이다.

누구의 제약도 없이 얼마든지 소리를 꽥꽥 지를 수도 있는 곳, 그리고선 무언가 이해할 것 같은 조금씩 취한 기분으로 말없이 헤어질 수 있는 곳. …

황혼이 되면 날기 시작하는 미네르바의 부엉이와도 같이 오늘도 탐구욕에 불타는 젊은 대학생들은 하나씩 둘씩 어스름 황혼길을 걸어서 '쌍과부집'의 낡은 문을 밀고 들어선다.

「쌍과부집」,《경향신문》1964.4.23. 5면.

이와 같은 기사가 실린 지 불과 6개월 후 '쌍과부집'이 헐린다는 다음과 같은 충격적인(?) 내용이 보도된다.

동숭동 대학가의 명물 '쌍과부집'이 30일 헐린다. 대학가를 거친 '학사님'들에게는 이 목로주점은 곧 아련한 추억을 일깨워주는 정든 곳이다. 이 집이 헐린다는 소식에 대학가가 떠들썩하다. 10년 전 남편을 잃은 김(金未葉, 43) 여인이 '캐더린 햅번'(캐더린을 무척 닮았다)이란 애칭으로 불리며 명륜동(명륜동 4가 90) 대학가의 한 모퉁이에 자리 잡은 이래 대학생들의 찬 도시락을 무보수로 데워주면서부터 학생들과 정든 집이었다. '쌍과부집'은 음식값이 무척 쌌다. '향토장학금(?)'이 바닥이 난 학생들이 밤새 막걸리 잔을 기울이며 마음을 달랠라치면 그들의 하숙비까지 넌지시 어림해서 돈을 받는 '캐더린' 여인이었다.

젊은 대학생들은 이 집을 지키기 위해 긴급회의를 열었다. 순식간에 200여 명의 이름이 적힌 진정서가 만들어졌다. "제발 우리의 집을 헐지 말아 달라"고. 모금운동도 벌어졌다. 대학가랬자 푸짐히 정 붙일 곳 없는 대학생들에게 이 집이 헐린다는 것은 곧 "생활의 한 부분을 잃어버리는 아쉬움"을 알게 하는 모양이다. '쌍과부집'은 기어이 헐릴 것인지.

_《한국일보》 1964.10.30. 3면.

당국은 왜 '쌍과부집'을 철거하려 했을까?

1964년 3월 24일부터 시작된 한일회담 반대 학생데모로 혼비백산했던 박정희 정부의 눈으로 볼 때 별것도 아닌 주제에 '눈엣가시' 같은 존재가 둘이 있었으니 그것이 바로 문제의 '쌍과부집'과 문리대에 있었던 '벤치'였다. 실로 유치하기 짝이 없는 발상이 무엇이었는고 하니, '문제학생'들이 모여 수군대는 곳이 다름이 아닌 '쌍과부집'과 '벤치'로, 낮에는 '벤치'에 앉아, 밤에는 '쌍과부집'에서 퍼마시며 반정부데모 모의에 몰두하니, 아예 이것들을 없애버려 싹(?)을 도려내자는 것이었다.

이런 유치한 발상을 실천에 옮기고자 머리를 쓴 끝에 무허가 건물이라는 약점을 잡아 《한국일보》 기사처럼 우선 '쌍과부집'부터 헐어 없애려고 했으나, 워낙 여러 학생과 졸업생이 떼를 지어 항의하여 이때에는 헐지 못했다. 그러자 다음 해 5월 2일 박정희가 진해 비료공장 기공식에서 즉석연설을 통해 다음과 같이 선언한다.

"학생은 비애국적이고, 언론인은 무책임하며, 지식인은 옹졸하다."

학생, 언론인, 지식인. 이들은 박정희 정권의 3대 '공적(公敵)'이었고, 그 가운데도 학생이 으뜸이었다. 박정희의 이런 선언이 있은 후 정확히 한 달 만에 이 '공적(公敵)'이 자주 모여 쑥덕대던 '쌍과부집'이 철거된다. 다음이 이에 대한 언론 보도이다.

> 6월 2일 서울대학교 대학가 학생들에게 마음의 고향이 되어왔던 서울대 문리대 앞의 식당 '쌍과부집'이 무허가 건축으로 헐리자 애석히 여겼던 학생들 50여 명이 호주머니를 털어 5천 원을 거둬 주었다. 10여 년 이상이나 대학가에 자리 잡아 가난한 학생들에게는 점심을 거저 주기도 해서 학생들 틈에 '마음의 포구'로 불려왔던 것.
>
> 헐린 판잣집 터전에 앉아 울부짖고 있는 쌍과부를 달래는 대학가 친구들은 당국에 진정서를 내고 푼돈을 거두어 '쌍과부집'을 재건하겠다고….
>
> _《조선일보》 1965.6.3. 8면._

박정희가 씩씩대던 판에 '쌍과부집 재건'은 언감생심 꿈조차 꿀 수도 없었고, 이즈음 문리대 교정의 벤치도 뽑혀 철거된 것은 말할 필요도 없다.

회상 6

'쌍과부집'의 에피소드

이렇게 하여 '쌍과부집'은 역사 속으로 사라졌지만, 그곳에서 일어났던 각종 에피소드는 지금까지 전해지고 있다. 그중 몇 가지를 소개하기로 할 텐데, 먼저 누군가에게 들은 이야기부터 시작하자.

어느 날 '쌍과부 집'에서 K고등학교 출신들이 술 마시고 떠들다가 옆에서 떠들던 경쟁 관계인 S고등학교 출신들과 시비가 붙었다. 함께 있던 S고등학교 출신 후배가 의협심에 불탄 나머지 복수한답시고 밖으로 나가 무기를 찾던 중 연탄재가 눈에 띄자 집어 들고 들어왔다. 그 후배는 술이 너무 취해 적과 아군을 구별하지 못하고 연탄재를 자기 선배 머리에 던지고 눈까지 비벼버렸다.

이게 도화선이 되어 말싸움이 몸싸움으로 비화할 조짐이 보이자 수적으로 열세였던 K고등학교 출신들은 줄행랑을 쳤다. 화가 난 S고등학교 출신들이 몽둥이를 들고 종로5가까지 쫓아오자 K고등학교 출신들은 길가에 있던 스포츠용품점으로 도망해 들어가니 체격이 건장한 주인이 무슨 일이냐고 묻기에 깡패들이 돈 뺏으러 쫓아오고 있다 하고 재빨리 길 건너로 도망쳤다. 길 건너편에서 보니 노지심처럼 생긴 주인이 옆에 있던 파출소 순경들과 합세하여 S고등학교 출신들을 하나씩 때려눕혀 파출소로 연행하고 있었다.

문리대에 다니던 4년 동안 내가 수강한 강의 내용에 대한 정확한 기억이 거의 없다. 4학년이던 1964년을 보면, 외교학과 손제석(孫製錫) 교수의 강의를 단 한 번 들은 것이 전부였지만 무슨 내용이었는지 기억이 나질 않는다. 이렇게 단 한 번 수강하고도 끄떡없이 졸업한 것이 기적이 아니냐고 할 사람이 있겠지만, 그것은 전혀 기적이 아니었다. 당국의 지시에 따라 4학년 2학기 말 '문제'가 된 학생놈들을 전부 모아놓고 시험지에 수강과목·이름·학번만 쓰게 하고 백지를 제출하게 한 후 적당히 학점을 주어 졸업시켰기 때문이다.

공부도 안 하고 대학을 졸업했으니 무식해야 할 텐데, 어떻게 글을 쓰느냐고 물을 수도 있다. 이런 질문에 대한 대답을 구태여 한다면 '술상머리 교육' 덕분이라고 할 수도 있다. 이는 온 가족이 모여 밥을 먹는 자리에서 이루어지는 '밥상머리 교육'을 연상하면 이해하기 쉬울 텐데, 술자리에서 토론에 참여하거나 남의 토론을 경청하는 데서 받는 술자리 과외라고나 할까?

문리대 독문학과 62학번 안삼환(安三煥)의 글을 읽으면 이 말을 이해하는 데 도움이 될 것이다.

어느 여름날이었다. 문리대 제6강의실에서 1교시 강의가 시작되기를 기다리던 우리는 담당 교수의 소속 학과 조교인 듯한 청년

현재 남아 있는 거의 유일한 사진으로 1964년 4월의 쌍과부집 모습이다. 별 안주도 없이 학생들이 술을 마시고 있는 모습이 보인다. |사진 출처: 《경향신문》

이 들어와 흑판에다 "휴강"이라는 두 글자를 써놓고 나가는 바람에 때마침 쏟아지는 빗방울을 맞고 후드득후드득 소리를 내고 있는 창밖의 무성한 마로니에 잎들을 쳐다보며 무연히 자리에서 일어났다. 하지만 아직은 선뜻 강의실을 빠져나가지 못하고 그냥 쭈뼛거리고만 있는 참이었다. 그때 미학과 K형과 내게도 낯이 익은 몇몇 다른 친구들이 슬슬 다가오더니 나를 이끌고 간 곳이 쌍과부집이었다.

그곳은 말 그대로 두 과수댁이 술을 파는 집으로서, 문리대 서부 연구실에서 대학천 너머를 건너다보자면, 중국집 진아춘(進雅春)에서 혜화동 쪽으로 한 50미터쯤 가다가 명륜동 시장 쪽으로 접어드는 골목 어귀의 왼쪽에 있었다.

쌍과부집이라 해서 무슨 애절한 사연을 지닌 아름다운 두 여인이 술을 팔면서 교태를 보이는 것으로 연상한다면 전혀 틀리는 그릇된 문학적 상상이다. 두 여인은 당시 40대 중반쯤 되었던 듯한데, 한 분은 키가 크고 언동이 좀 퉁명스럽고 거친 듯했으나 속정이 깊었으며, 다른 한 분은 키가 작은 데다 말수가 적어 거의 그 자리에 없는 듯했고, 대개 채소 따위를 다듬거나 설거지 같은 허드렛일을 묵묵히 하고 있었다. 당시 우리나라 어디서나 볼 수 있던 평범하고 수더분한 아주머니들이었다.

매장에서 채소를 다듬고 있는데 아침부터 들이닥친 손님들이라 그랬던지 K와 우리는 다락방으로 안내되었는데, 초등학교에 다니던 두 댁의 아이들이 쓰는 방이었으나, 마침 아이들이 학교에 가고 없었으므로 우리는 좁은 사다리 층계를 타고 다락방으로 올라가 조그만 술상을 마주하게 되었다. 술상이라야 막걸리와 김치 그리고 우거지 술국이 전부였다. K형은 이른바 '칫솔부대'의 일원으로서, 거기 있던 친구 중 누군가에게 그동안 진 빚을 술로 갚으려 하는 모양이었다.

'칫솔부대'란 당시 칫솔 하나만 갖고 다니며 친구의 하숙집에서 신세를 지곤 하던 학우들을 총칭하는 말이었다. 하숙생은 주인집 아주머니에게 친구를 위해 아침상에 수저 하나만 더 얹어달라고 청하여 그 친구와 아침밥을 나눠 먹고 학교에 가는 것이었다. 하지만 당시 그런 일은 그야말로 다반사여서 그런 친구와 기거를 함께 해야 하는 것을 그다지 귀찮게 여기지도 않았다. 당시 지방 출신 학생들은 누구라 할 것 없이 모두 잠재적 칫솔부대원이었다. 시골의 부모로부터 올라오는 학비와 생활비가 넉넉할 리가 만무여서, 우리는 누구나 그 돈을 불과 한두 주일 안에 자신과 친구들을 위해 다 써버리기가 일쑤였고, 그렇게 되면 아르바이트를 해서 별도의 용돈을 벌 때까지는 당분간 다른 친구들의 신세를 지는 수밖에 다른 길이 없었던 것이다.

이렇게 해서 술자리가 거의 점심시간까지 이어지자 K형과 그의 친구들이 수업이 있다며 먼저 자리를 떴다. 그런데 내가 그때 함께 자리에서 일어나지 못한 까닭은, 그 사이에 사학과에 다니던 내 친구 S가 합석해서 굉장한 새로운 담론을 펼치고 있었기 때문이었다. 그는 상해 임시정부의 정통성을 물려받은 백범 김구 선생이 왜 대권을 잡지 못하고 미국에서 귀국한 이승만 박사에게 밀려나게 되었는가 하는 통한의 역사를 당시의 국제정치적 역학관계로 설명하면서 그 부당성과 민족적 비극성에 대해 열변을 토하고 있었기 때문에 그를 놓아두고 그 자리를 떠난다는 것이 너무 무정한 것 같아서 그대로 눌러앉아 있었던 것이다. 하긴 내게는 그날 다른 수업은 없었던 탓도 있었다.

잠시 후에 정치학과의 L 선배가 아래층에서 올라와 합석하더니, 이내 S와 격렬한 논쟁이 붙었다. 무슨 마르크스-레닌주의니 사회주의 리얼리즘이니 하는 굉장한 개념들이 등장하는 통에 술이 다 확 깰 지경이었다. 간이화장실을 드나들며 문득문득 정신이 들기도 했으나 나는 거의 만취 상태가 되어 그 자리를 뜰 생각 따위는 이미 하지 못하고 있었다.

어느 사이에 비도 그치고 날도 이미 저물어 있었다. 수많은 학우가 들고 나는 가운데에 어느 순간 정신을 차리고 보니, S와 L 선배도 이미 가고 없고 언제 왔는지 불문과의 H 선배가 사르트르와 카뮈의 문학에 대해 일장 연설을 하고 있었다. 앙드레 브르통의 초현실주의까지 튀어나오는 통에 좌중의 아무도 그의 박식함에 감히 대적하지 못하고 모두 그의 말에 조용히 귀를 기울이고 있는 판이었다.

밤이 제법 깊어서 학교에 갔다 온 아이들이 아래층에서 기다리다 못해 다락방으로 올라와 잠잘 채비를 서두르고 있었는데, 낮에 나갔던 K형이 다시 올라와서는 아직 그 자리에 눌러앉아 거의 녹초가 되어 있는 나를 끌고는 다시 '석굴암'이던가 또 어디 다른 술집으로 갔던 것 같다.

여기서 뜬금없이 이 이야기를 꺼낸 이유는 당시 우리 문리대생들이 술을 마시던 풍속도의 일면을 보여주기 위함인데, 이를테면 내가 쌍과부집을 나오면서 술값이 얼마냐고 묻자 키 큰 과수댁이 하는 말이 그때그때 나간 학생들이 술값을 다 내고 갔기 때문에 나는 내야 할 액수가 없고 아직도 내려오지 않고 다락방에서 마시고 있는 "저 손(孫)들"의 술값이라도 내고 싶으면 내고 가든지 마음대로 하라는 식이었다.

요컨대, 그 가난 속에서도 자리를 뜰 때면 모두가 다 그때까지 자기와 친구들이 마신 술 대금은 내고 갔다는 말이 되는데, 지금 생각하면 참으로 놀라운 불문율이며, 한 사람 한 사람이 다 자긍심과 기개가 하늘을 찌르는 청년들이었다고 하지 않을 수 없다.

_안삼환,「마로니에의 추억」,《서울대학교대학원 동창회보》
제20호(2014년), 10~11쪽.

문리대생들이 자기와 친구들이 마신 술값을 내고 갈 정도로 교양이 있었다는 게 안삼환의 이야기인데, 그런 교양이 발휘되는 것은 어디까지나 주머니에 뭔가 있었을 때의 일이었다. 주머니가 텅 비어 있을 때 즉 '칫솔부대'에 입대해야 할 지경이라면 어떻게 했을까? 내 이야기를 해보자.

1963년 10월 15일은 대통령 선거일이었다. 정치하는 사람이 출마하기에 앞서 책 한 권 내는 것이 상례이듯이, 박정희 당시 국가재건최고회의 의장도 『국가와 혁명과 나』라는 책을 출판했다. 대통령에 나오기 위해서였다. 그런데 제목부터 수상했다. 교묘한 술책이었을 테지만 러시아 혁명을 주도한 레닌이 쓴 『국가와 혁명』이라는 제목에 달랑 '나'라는 글자 하나를 추가한 것이 그러했다.

나는 그 책을 표지를 본 것 말고는 펴본 적도 없었다. 정치하는 사람이 낸 책을 자기 스스로 썼다고 믿지도 않았고 공짜로 마구 나눠주었기 때문이기도 했다. 그러던 어느 날 마침 저녁도 되고 출출해져서 어디 가서 한잔해야겠는데 사방이 외상투성이라 막막하던 중 누군가의 기막힌 아이디어로 '쌍과부집'으로 향했다.

'쌍과부집'에 들어서서 여주인 '캐더린 햅번'에게 밀린 외상값은 곧 갚을 것이라고 당당하게 말하고, 문제의 『국가와 혁명과 나』를 꺼내놓고 대통령 사진을 보면 알겠지만(당시 박정희는 '대통령 권한 대행'이었다), 이게 대단히 중요한 책으로 며칠 후 이걸로 시험 볼 건데, 맡길 테니 술 좀 주시오 하니 과부 아줌마가 씩 웃으며 딱 하나밖에 없는 방으로 들어가라는 것이었다. 우리는 의기양양하게 방으로 들어가 부어라 마셔라 떠들다가 심심해서 다락을 열어보니 학생들이 맡기고 간 시계·책·안경 등등이 있었는데, 깜짝 놀란 것은 『국가와 혁명과 나』가 여러 권 쌓여 있었기 때문이었다. 과부 아줌마가 뻔히 알면서 속아주었던 것이다.

누군가 장관이 된 후 찾아와 외상값을 갚았다는 '쌍과부집'. 외상값 달라다가도 외상 진 학생이 배고픈 기색이 보이면 누룽지라도 끓여주던 과부 아줌마들. 이런 사람들이 세상을 살맛 나게 만드는 중요한 존재라는 것을 나는 문리대에 들어와 슬슬 느끼기 시작하고 있었다.

회상 7

학림다방, 진아춘, 배때기집, 연건식당
그리고 '수제비'와 '꿀꿀이죽'

문리대생들이 자주 드나들던 곳으로 지금까지 남아 있는 학림다방과 진아춘으로 시선을 돌려보자. 먼저 몇몇 기록을 종합하여 학림다방의 어제와 오늘을 정리하면 이렇다.

학림다방이 문을 연 것은 1956년으로, 치과의원을 하던 여의사 이양숙 씨가 바로 옆 건물을 사들여 그곳에 있던 별장다방을 학림으로 개명하면서부터였다. 이씨는 병원 일이 바빠 다방 일은 신선희 씨가 도맡았고, '학림아줌마'·'학림누나'로 불린 신씨는 '쌍과부집'이나 주변 주점에서 한잔한 학생들이 술을 더 사오라고 생떼를 써도 싫은 내색 한 번 하지 않았다.

통금에 걸린 학생들이 문을 뜯고 들어와 잠을 자도, 외상을 갚지 않아도 '학림아줌마'는 눈살 한 번 찌푸리지 않았다. 여종업원들도 학생들과 거리낌 없이 어울리며 대화를 즐겼다. 특히 김지하는 문단 등단 당시 학림다방의 주소를 연락처로 쓸 만큼 학림을 사랑했다.

이처럼 학림다방은 문리대생들의 편안한 쉼터였다. 찻값이 없으면 엽차를 홀짝거리면 그만이고, 계란 노른자를 퐁당 하고 넣은 '모

학림다방의 빛바랜 사진. 왼쪽에 학림다방 주인 이양숙 씨의 치과의원 간판이 보인다. 1956년에 개업했다는 학림다방은 지금도 남아 있다.

닝커피'라든지 홍차에 '도라지 위스키' 몇 방울이 더해진 이른바 '위티(위스키 티)'를 시킨다는 것은 호주머니가 넉넉해져 뭔가 폼 잡을 일이 생겼을 때였다.

상호의 내력을 보자. '학림다방'에서 '학림'의 한자 표기는 원래 '학(鶴)'이 노니는 '숲(林)' 즉 '鶴林'이었다. 그러다 문리대생들이 축제 이름을 '학림'의 음을 빌려 학림제(學林祭)라고 붙인 후부터 '學林'이 되었다는 게 정설이다. 학림다방은 '학림다실'·'학림싸롱'으로 불리기도 했다.

'학림싸롱'에서 몰지각한 몇몇이 자주 술주정을 했던 모양으로, 1964년 4월 1일 자 문리대 신문《새세대》는 '낙산우화' 난에서 다음과 같이 점잖게 꾸짖고 있다. 이처럼 학림은 문리대생들에게 다가와 있었다.

대학가의 낭만이라면 언뜻 머리에 떠오르는 게 있잖습니까? 바로 '학림(鶴林)싸롱' 말입니다. 이렇게 학(鶴)들만 모이는 학림(鶴林)에 최근 술주정뱅이 까마귀들이 몰려 자주 난동을 일으키는 모양. 아줌마 부탁이니 부디 오림(烏林)으로 변모시키지 않기를 거듭 부탁합니다.

문리대가 사라진 후 학림은 어찌 되었을까?
소유주 이양숙 씨는 1975년 서울대가 관악 캠퍼스로 이전하자 학림을 옮기려 했으나 물색한 땅이 공원 부지에 묶여 뜻을 이루지 못했고 1982년 5월 결국 문을 닫았다. 그 후 1983년 4월 김모 씨가 현대식 3층 건물을 새로 지어 2·3층에 학림이란 이름으로 다방을 냈으나 적자가 누적돼 세 차례나 주인이 바뀌었다. 1987년 이충렬 씨가 인수하여 오늘에 이르고 있다.

원래 있던 곳에서 자리를 옮겼지만, 오늘날까지 이어져 대학로를 지키고 있는 중국식당 진아춘(進雅春). 이곳은 내가 맥주를 처음 마셔 본 장소였다. 어떤 선배가 취직했다고 폼 잡으며 탕수육에 맥주를 시켜주었지만 뭐 하러 이 쓰디쓴 술을 비싼 돈 주고 마시는가 하고 의아하게 생각했던 곳이 진아춘이었다.
1925년 개업한 진아춘은 서울에서 두 번째로 오래된 식당으로 알려져 있다. 주머니가 가볍던 문리대 시절 나는 개인적으로 진아춘을 드나든 기억이 별로 없다. 다만 당시 문리대 앞에 있는 식당 가운데

자리를 옮겨 개업 중인 진아춘 내부에 걸려 있는 '옛 모습의 진아춘' 사진 | 사진출처: https://blog.naver.com/k730904

가장 넓은 곳이어서 이따금 회식 장소로 이용되곤 했는데, 박정희 정권이 정치학과 동기인 김중태(金重泰)·현승일(玄勝一)·김도현(金道鉉)을 '내란죄'로 기소한 다음과 같은 「학생데모사건 공소장」의 내용을 보면 '진아춘'의 활약상을 엿볼 수 있다.

> 피고인 김중태, 동 현승일은 1964년 5월 14일 오후 3시경 서울대학교 문리과대학 출입문으로부터 약 50미돌(米突) 상거(相距)한 잔디밭에서 정권 타도에 관한 모의를 한 후 시내 각 대학교와 연락을 취하여 동년 5월 16일 오후 7시경 동교 월편 진아춘 중국요정 2층에서 서울대학교 문리과대학 대표로 피고인 김중태(金重泰), 동 현승일(玄勝一), 동 김도현(金道鉉), 공소 외 송철원(宋哲元), 동 최혜성

(崔惠成), 동 이원재(李源栽)가 참석하고, 동국대학교, 성균관대학교, 건국대학교 대표 등 21명이 참석 회동하여 … 현 정부 및 공화당이 주창하는 민족적 민주주의는 가식적 허구의 것으로 단정 이를 말살하는 것을 의미하는 소위 '황소식 민족적민주주의 장례식'을 대규모적으로 거행하여 국민의 호응을 촉구 결정적 거사를 합의하고…

_《조선일보》 1964. 6. 18. 4면.

이 사건은 한일회담 반대에서 시작하여 박정희가 주창한 민족적 민주주의라는 것을 비판하기 위해 '민족적 민주주의 장례식'을 치른 데서 시작되었다. 이 사건에 대해서는 후에 자세히 이야기할 테지만, 나는 1964년 6월 3일 비상계엄이 선포된 후 고등학교 동기 배순훈(裵洵勳, 서울대 공대 61) 부친의 도움으로 피신하여 검거되지 않아 "공소외"로 되어 있고, "문리대 잔디밭"에서 김중태·현승일이 "정권 타도" 모의를 했다는 내용과 "약 50미터 떨어진"을 "약 50미돌 상거한"으로 한 낯선 표현은 지금 보면 우스꽝스럽기도 하다.

이번에는 지금은 사라져 흔적도 없지만, 여러 가지 추억이 새록새록 떠오르는 몇 곳을 회상해보기로 하자.

식당 이름이 '전주집'인가 '전주식당'이었지만, 바깥주인의 배가 튀어나왔다 하여 우리가 '배때기집'이라고 부르던 곳이 있었다. 이 식당 안주인이 상당히 미인이었는데 이 때문에 밤잠 못 이루던 친구가 꽤 있었던 기억이 있다. 아니 그보다도 더 문제인 것은 교문을 벗어날 수 없다는 사실이었다. 배가 튀어나온 '배때기집' 주인이 교문 건너편 서울대병원 동문 쪽에서 외상값 받으러 뒷짐 지고 자주 서성이고 있었기 때문이었다.

어찌 보면 가장 안타깝던 곳이 '연건식당'이었다. 주인아주머니 음식 솜씨가 별로라서 주로 외상술 마시러 갔던 곳이어서이다. 장사가 안 돼 죽겠다고 푸념을 늘어놓는 사이에, 돈 없는 김지하가 안주로 멸치를 고추장에 찍어 먹거나 왕소금을 검지로 찍어 막소주를 사발로 마시던 곳이기도 했다.

막소주? 이와 더불어 이른바 카바이드 막걸리가 주머니가 가벼웠던 시절 우리가 주로 마시던 술이었다.

막소주란 한마디로 무허가로 만든 '짝퉁' 소주인데, 증류를 제대로 하지 않아 메틸알코올 성분이 다 걸러지지 않은 저질 소주로, 정종병 같은 커다란 병에 넣어 팔았다. 물론 당시에도 '진로'나 '삼학' 같은 진품(?) 소주가 없지는 않았지만, 학생 신분에 상표 붙은 소주를 마시는 것은 언감생심이었고, 막소주는 김지하 같은 소주파의 애용품이었다.

막소주와 더불어 즐겨 마시던 술이 카바이드 막걸리였다. 이 역시 무허가로 제조한 막걸리로, 빨리 발효시키기 위해 카바이드를 넣었다는 헛소문이 퍼져 막걸리에 '카바이드'라는 수식어가 붙게 된 것이다. 이후 막걸리는 뒤끝이 안 좋은 술로 찍혀, 1974년까지만 해도 전체 술 소비량의 70%를 차지하다가 소비가 급감하여 소주에게 '주류(酒類)의 주류(主流)' 자리를 내주었다.

이런 일 역시 박정희 정부의 정책에 따른 것으로, 당시 정치 권력이 국민이 마시는 술까지 간섭하고 있음을 보여주고 있다. 주류(酒類)과학 최고 전문가 조호철 박사의 이야기를 들어보자.

> 정부는 1975년에 소주 업체를 지원하고 막걸리 업체를 '탄압'하기 시작해요. 소주는 도수를 기존 35도에서 25도로 낮추도록 합니다. '소주에 물을 타도록' 해준 것이죠. 원가가 덜 드니 소주업체들은 마진을 더 챙기게 됐어요. 반대로 비위생적인 술도가를 적발하고 밀주업자를 잡아들이며 막걸리에 비위생적이고 불법이라는 이미지를 씌웁니다.
>
> 이런 특혜와 차별의 목적은 물가 안정과 무역수지 적자 축소였습니다. 정부는 소주업체가 도수를 내려 원가 부담을 줄이도록 하는 대신 가격을 한 자리만 올리도록 했어요. 또 소주 주정의 원료인 태국산 타피오카가 막걸리 원료인 수입 밀보다 저렴하다는 점에서 술꾼들이 소주를 더 마시도록 유도할 필요가 있었어요. 당시 중동 오일쇼크로 물가가 연 20% 앙등하고 무역수지 적자가 불어나는 중이었거든요.
>
> ―「카바이드 막걸리는 70년대 '불순한 의도'의 괴담?」,
> 《아시아경제》 2015.4.10.

문리대와 성균관대학 사이에 있었던 명륜시장, 그곳의 수제비는 주머니 사정이 좋지 않은 청춘들이 허기 달래기에 제격이었다. 펄펄 끓는 맹물에 밀가루 반죽을 떼어 넣고 참기름 한 방울과 간장 몇 방울 넣은 엉터리 수제비, 지금 돈으로 몇 백 원짜리에 불과할 정도로 싸구려였지만 출출할 때면 그 맛이 기막혔다.

또 종로6가엔가 동대문극장이 있었던 기억이 나는데, 그 부근에 얼마 안 되는 돈으로 포식할 수 있는 '꿀꿀이죽' 파는 곳이 있었다. 미군 부대에서 먹다 남은 잔반을 모아서 파는 곳으로 그 당시에는 간염이라는 것은 존재조차도 없었기 때문에 이빨 자국이 난 소시지도 맛있는 먹을거리였다.

학생과 앞 게시판에 등기 우편이 왔다는 방이 붙으면 그날 하루는 원 없이 술과 밥을 먹을 수 있었다. 그런대로 형편이 괜찮은 부모가 하숙비를 우편환으로 보낸 것이다. 이런 날은 수제비나 꿀꿀이죽이 아니라 종로5가의 돈까스집에서 실컷 먹고 마시는 것까지는 좋았는데, 막상 등기 우편 당사자는 그다음 날부터 동가식서가숙(東家食西家宿) 신세가 되었다. 주로 철학과 60학번 최동전(崔同田)과 지리학과 60학번 박재일(朴才一)에게 있었던 이야기로 기억한다.

참으로 똥구멍 째지게 가난하던 시절이었다. 서울에서 의사의 아들로 이른바 명문 고등학교를 나온, 그리고 사람이 가난한 것은 게을러서라든가 공부하기 싫어서라는 철없는 생각을 가졌던 나에게 가정교사를 열심히 하여 학비에 보태는 많은 학생, 특히 지방 출신 학생들이 엄청나게 가난했던 것은 '문화적 충격'(?)이어서 슬슬 설익은 좌파 이론에 관심을 갖는 계기가 되었다.

회상 8

김열규(金烈圭) 선배의 회상

한국학 분야의 석학인 김열규(金烈圭, 1932~2013). 이분이 문리대 국문학과에 입학한 것은 공교롭게도 1950년 한국전쟁이 일어나던 해였다. 부산으로 피난했음에도 학생들의 학구열은 식지 않았다. 당시 대학의 모습과 전쟁의 폭음 속에서도 이리저리하여 영어 원전 읽기에 매진하던 모습을 김열규 교수가 쓴 『독서–김열규 교수의 열정적 책 읽기』(비아북, 2008)를 통해 살펴보기로 한다.

내가 대학에 들어가던 그해, 육이오가 터졌다. 물론 대학도 박살이 났다. 그해 따라 학제가 바뀌어 6월 둘째 주엔가 입학식을 하고는 수강 신청이야 뭐야, 유야무야 2주일을 보내고는, 가까스로 강의가 시작된 지 겨우 일주일이 지났을 무렵이었다. 그런데 그만 전쟁이 터지다니!

나는 가까스로 마지막 열차를 타고 부산으로 돌아왔다. 그러고는 한동안 대학이 어떻게 되었는지 알지 못하고 지냈다. 여름 내내 부산 부두에서 미군 수송부대의 통역을 하고 나니, 겨우 '피난 대학'이 문을 열었다. 서울에서 쫓겨온 모든 대학교가 '전시 연합대학'이란

1993년 3월 김열규(국문 50) 선배의 모습|사진출처: 휴머니스트

이름 아래 하나로 모였다.

글쎄, 학생 수가 얼마나 됐을까? 서울에 있던 모든 대학교의 재학생을 통틀어 겨우 100여 명이 고작이었던 것 같다. 그러니 오죽했겠는가! 처음에는 부산 광복동 거리의 동쪽 끝에 있던 영화관을 빌려서 강의라고 했다. 그러다가는 영도 섬에 있는, 일본인이 버리고 간 사찰의 방 하나를 빌려 강의실로 썼다.

더 가엽게도 전시 연합대학은 자주자주 옮겨 다녔다. 가건물의 한쪽을 빌렸는가 하면, 판잣집 한 칸을 얻어 쓰기도 했다. 모르긴 해도 전 세계의 대학 역사를 돌이켜보아도 '셋방 대학'은 이것뿐이 아닐까 싶다.

그러다가 전시 연합대학이 해체되고 학생들은 소속 대학으로 돌아갔다. 부산 대신동 산비탈에 '서울대학교 문리과대학'이라는 나무

간판이 걸린 판잣집 한 칸. 그게 우리 대학이었다. 그나마 그 판잣집은 반으로 나뉘어 한쪽은 도서관, 한쪽은 교수실과 교무처를 겸하고 있었다. 그러니 강의실은 언덕의 풀밭일 수밖에 없었다. 늦가을 햇살이 그나마 큰 축복이었다. 가마니가 몇 개 깔린 노천의 강의실! 하지만 그건 지금도 내게 가장 중요한 강의실, 가장 뜻깊은 학문의 전당으로 남아 있다.

대한민국이 차지한 땅이라야 겨우 부산과 대구 일대의 경상남북도가 전부였던 판국, 병력이 충분하지 않았을 텐데도 대학생에게는 병역이 면제되어 있었다. 그야말로 '부산 임시 정부'의 엄청난 결단이 아닐 수 없었다. 그런 혜택을 입고 풀밭에 앉아서 듣던 강의라니! 우리는 강의에 몰두했다. 그전에도, 그 후에도 그만큼 열정에 넘친 강의는 없었던 것 같다.

그러나 피난 온 교수님도 몇 분 안 되어 강의 수는 많지 않았고, 대개 오후가 되면 휴강이었다. 그 틈을 타서 나는 국제시장으로 갔다. 문방구에는 노트가 없었던 탓에 미군이 버린 휴지며 파지를 구해서 노트로 써야 했기 때문이다.

노천의 고물전에 수북이 쌓인 여러 물건 가운데 미군이 쓰다 버린 '타이프라이터 용지'를 골라냈다. 앞면만 프린트가 되어 있고 뒷면은 백지라서 여러 장 묶으면 훌륭한 노트가 되었기 때문이다. 그렇게 종이를 훑어내다가 가끔은 뜻밖의 요행수를 만나곤 했다.

십중팔구 미군이 읽다 버린 책이며 잡지가 걸려들면 나는 속으로 만세를 불렀다. 그 가운데에는 《새터데이 리뷰(Saturday Review)》 같은 문예 잡지며 《어틀랜틱(Atlantic)》 같은 종합 잡지도 끼어 있었다. 모두 생전 처음 보는 것들이었다. 진귀한 보물이었다.

그 책들을 뒤적이다가 미국의 《신비평(New Criticism)》을 알게 된 것은 대단한 수확이었다. 《어틀랜틱》에서는 영국의 현대 시인 T. S. 엘리엇(T. S. Eliot)이나 오든(W. H. Auden) 등과 어깨를 나란히 하고도 남을 딜런 토머스(Dylan Thomas)를 생전 처음 만나게 되었다. 내가 입수한 《어틀랜틱》은 하필이면 딜런 토머스가 뉴욕에서 사망할 즈음에 발행한 특별판 같은 것이었는데, 그게 바로 1953년, 그러니까 내가 대학교 3학년 때의 일이었다. 생면부지, 아니 이름도 모르던 귀인(貴人)과의 기우(奇遇)! 그건 정말 우연이지만 참으로 절묘한 만남이었다.

한편 광복동 거리에서도 비슷한 일이 있었다. 하루는 돗자리를 깔고 헌책 몇 권 펴놓은 그 '길바닥 책방'에서 글쎄, '무장한 시각'쯤으로 번역할 수 있는 『암드 비젼(The Armed Vision)』을 보고는 그 묘한 제목에 이끌려 후딱 집어 들고 말았다.

책을 펼쳐 들고 보니, '현대 문학 비평 입문'이라는 글이 눈에 띄었다. 그리고 그 옆에는 'USIS 도서관'이라고 찍혀 있었다. 주한 미국 공보원에서 흘러나왔거나 새어 나온 게 분명했다. 가뭄의 단비였다! 나는 휴지 값밖에 안 될 푼돈을 집어주고는 집으로 내달렸다.

그 책들은 문자 그대로 쓰레기 더미 속의 장미였다. 훗날 현대시를 주제로 석사 논문을 쓰게 된 첫 동기는 이처럼 장바닥에서, 또 길바닥에서 마련된 것이었다.

그런데 국제시장의 경우는 참 공교로웠다. 해방되자마자 일본인들이 쏟아놓은 헌책들을 사들인 바로 그 자리였기 때문이다. 거기서 나는 참 큰 행운을 움켜잡았다. 나의 문학 작품 읽기와 문학 이론 읽기는 장바닥이며 길바닥에서 이루어진 것이었다.

풀밭 강의실과 길바닥 책방! 그들은 내 학문의 초창기에 너무나 중요한 역할을 했다.

포항이나 대구에서 '쾅쾅!' 하고 대포 소리인지 폭격 소리인지, 아무튼 전투를 알리는 폭발음이 엷게나마 메아리치곤 하던 그 거리, 그 장바닥에서 나의 영어 원전 읽기가 시작되었다. 그것도 육이오 민족상잔(民族相殘)의 산물이라고 해야 하는 걸까? 잘 모르겠다.

(124~127쪽)

회상 9

강인숙(姜仁淑) 선배의 회상

'시대의 지성'이라고 일컬어지는 이어령(李御寧, 1933~2022). 이분은 나의 문리대 선배이자 고등학교 시절 은사이다. 배우자인 강인숙(姜仁淑, 1933~). 이분 역시 문리대 선배이자 스승의 부인이니 나에게는 '사모님'이다. 이 두 분은 한국전쟁이 한창이던 1952년 서울대 문리대 국문과에 입학한 동기로, 전쟁 기간에는 임시수도 부산의 구덕산 캠퍼스에서, 휴전 후에는 서울 동숭동 캠퍼스에서 공부했다. 강인숙 교수가 쓴 『어느 인문학자의 6·25』(에피파니, 2017)의 내용에 따라 구덕산과 동숭동에서의 문리대 모습을 살펴보기로 한다.

내가 대학에 입학하던 1952년은 전쟁이 막바지에 달한 시기였다. 그래서 우리 학년은 고등학교를 제대로 다니지 못했다. 고 2에 올라가서 한 달도 못 되어 전쟁이 터졌고, 고 3을 반 학기밖에 다니지 못한 채 졸업했기 때문이다. 그러니까 나머지 기간은 길고 긴 방학이었던 셈이다.

친구들과 서울대에 입학원서를 사러 갔다. 서울대는 부산의 서북쪽 끝자락인 구덕산 기슭에 있었다. 대신동 종점에서 전차를 내려 동아대학 담을 끼고 한참 올라가면 시냇물이 있다. 그걸 건너고 좁은

이어령(국문 52)·강인숙(국문 52) 선배

길을 꼬불꼬불 1킬로쯤 더 올라가야, 서울대가 있다. 건물 바닥만 대충 다듬어서 서푼 판자로 한 채씩 지은 엉성한 강의실들이 산비탈 여기저기에 널려 있었다.

강의실 바닥만 땅을 다듬었으니까 문을 열고 나가면 바로 앞이 비탈인 곳도 있었다. 돈이 없으니까 학교 부지 전체를 평지로 만들지 못해서, 건물이 들어설 부분만 다져서 지은 강의실들이 산비탈에 간신히 붙어 있었는데, 지형에 따라 방향도 제가끔 달랐다. 강의실 밖 비탈에는 표면에 인절미 두께의 진흙이 덮여 있었다.

비가 온 뒤라 걸을 때마다 그것이 신발 바닥에 달라붙었다. 움직일 때마다 다리를 흔들어서 신발에 붙은 진흙을 털어내야 걸음을 뗄 수 있었다. 많은 학생이 그 짓을 하고 있는 것을 보고 있으면, 부조리극이라도 보는 것처럼 기분이 이상했다. 털어도 움직일 때마다 또 달라붙는 진흙 바닥은, 비탈진 산기슭에 무리하게 집을 지은 피난 학교의 업보였다(225~229쪽에서 발췌).

합격 발표를 하던 날 우리는 앉을 자리 하나 없는 축축한 진흙 마당에서 오래오래 발표를 기다렸다. 학교와 문교부 사이에 알력이 있어서 발표가 늦어졌다. 어두워진 후에야 겨우 방이 나붙은 것이다. 그래서 아주 인상적인 합격자 발표가 되었다. 두루마리에 쓴 합격자 명단을 들고 직원 둘이 나오자, 촛불과 풀을 든 사람들이 그 뒤를 따랐다. 풀을 든 직원이 판자벽에 풀을 바르면 두루마리를 마주 잡은 두 사람이 펼쳐 나가면서 조금씩 조금씩 명단을 붙여가고, 촛불을 든 사람들이 그 뒤를 따르는…. 상식적이 아닌 합격 발표였다.

서울대는 종합대학이고 종합대학의 중심은 문리대니까, 모든 종합 행사의 첫머리에 나오는 것은 언제나 문리대다. 문리대는 국문과에서 시작되는데, 가나다순으로 명단이 발표되니 '강'씨는 첫머리에 나올 가능성이 많다. 그날 나는 친구 언니가 교학과에 있어서 합격한 사실을 미리 알고 있었다. 그래서 발표를 보는 것은 확인하는 절차에 불과했지만, 막상 내 이름이 첫 번째로 나오니까 감동을 받았다(229~230쪽에서 발췌).

맑게 갠 (1953년) 10월 중순의 어느 날, 나는 처음으로 동숭동 캠퍼스와 만났다. 세로로 줄무늬가 있는 짙은 베이지색 무광택 타일로 지은, 품위 있고 격조 높은 2층 건물이었다. 잘 손질된 은행나무와 마로니에, 라일락 같은 나무들이 알맞게 배치되어 오래된 건물들을 윤색해주고 있는 캠퍼스는, 안정되어 있으면서 풍성한 느낌을 주어서 고마웠던 것이다. 다행히도 전쟁이 망가뜨리지 않은 그런 아름다운 캠퍼스가 우리를 기다리고 있다는 사실만이 중요했다. 구덕산의 천막 교실만 보아 오던 나는 탄성이라도 지르고 싶을 정도로 새 환경에 매혹되었다.

내가 처음 본 동숭동 캠퍼스에서는 벽 색깔과 잘 어울리는 은행나무에 단풍이 막 시작되려 하고 있었다. 단풍도 새내기 때가 더 이쁘다. 교정에도 은행나무가 많지만 울타리에도 같은 나무가 심어져 있었다. 그때는 학교와 길 사이에 개천이 흐르고 있었다. 개천 너머에 있는 가로수에도 은행나무가 많아서 우리는 한 달 동안을 은행나무 단풍과 함께 가을을 즐길 수 있었다(259~261쪽에서 발췌).

지금 우리가 다니던 동숭동 캠퍼스에는, 창문이 없는 네모난 붉은 건물들이 멋없이 커 버린 은행나무 너머에 줄줄이 서 있다. 그중에는 김수근 선생이 지은 것이 많다. 그분이 같은 색 샌드스톤으로 인도에 지은 한국대사관 건물은 격이 높고 아름다웠다. 그런데 벽돌로 지은 저 붉은 건물에서는 그런 깊은 질감이 나오지 않는다. 우리가 노닐던 옛 동산은 너무나 낯설고 삭막한 곳이 되어버렸다.

그건 이미 우리의 모교는 아니다. 그렇다고 너무나 생소한 관악의 어수선한 캠퍼스를 모교라고 생각할 수도 없다. 내가 사랑했던 격조 높은 베이지색 건물들은 지금 오밀조밀한 미니어처(miniature)가 되어 동숭동 한구석에 남아 있다. 그래서 모교에 대한 나의 꿈과 기억도 지금은 모두 미니어처가 되어버렸다(303쪽).

회상 10

나의 할머님과 부모님

　내가 서울대학교 문리과대학을 다닐 수 있었던 것은, 멀리 그리고 또 멀리까지 되돌아보면 두 분 할머님의 피나는 노력과 혜안(慧眼) 덕분이었다 해도 과언이 아니다. 할머님들은 여성의 몸으로 패가망신 직전의 집안을 구해내셨고 교육을 받지는 못했지만 앞을 내다볼 줄 아는 지혜로운 분이셨다.

　내 아버지의 아버지, 즉 송주룡(宋柱龍) 할아버님께서는 충청남도 천안시 성환읍에서 꽤 알려진 한량(閑良)이셨던 것 같다. 그도 그럴 것이 남자들이 열심히 하기만 하면 당대에 망하는 세 가지, 술과 여자에다 노름하시는 데 하루해가 모자랄 정도였다는 말씀을 생전의 할머님으로부터 귀에 못이 박힐 정도로 들었으니 말이다.

　지금도 성환은 배 주산지로 현금이 많이 돌아다닌다는데 당시 성환은 사금(沙金)이 나서 그러했다 한다. 아버님으로부터는 할아버지에 관한 이야기를 전혀 듣지 못했고 할아버지의 사진조차 남은 것이 없지만, 김정순(金貞順) 할머님에게 들은 집안이 망하는 마지막 장면은 이러하다.

　어느 날 누군가가 달려와 할아버지가 돌아가셨다 하여 허둥지둥

1952년 초등학교 4학년 시절 서울 중구 인현동 집 앞에서 할머니과 함께 찍은 사진(왼쪽). 할머님은 1962년 10월 21일 재속 프란치스코 서울형제회 소속으로 종신서원을 하셨다(오른쪽). 그 복장이 할머님의 수의가 되었다.

달려가 보니 주모(酒母)—지금으로 말하면 술집 마담—의 무르팍을 베고 돌아가셨더라는 것이다. 그것도 있는 것 없는 것 죄다 일본인 순사에게 노름빚으로 잡혀 잡숫고.

이것이 내 부친 열두 살 때 일이었는데, 여자가 혼자 되면 할 일이라곤 음식 장사밖에 더 있는가? 할머니는 억척스럽게 국밥 장사를 하여 1년 후 부친을 서울 휘문고보(지금 휘문고등학교)로 보내고 1933년 세브란스 의전으로 진학시켜 의사를 만든다. 할아버지의 빚은 9년 만에 다 갚았다고 한다.

할머님의 노력은 여기에 그치지 않았다. 1950년 6월 25일 한국전쟁이 일어난 후 9월 15일 인천상륙작전으로 서울을 수복했으나, 그해 10월 25일 중국군이 참전하여 1951년 1월 4일 북한군에게 서울을 다시 빼앗기고 후퇴하게 된다. 이러한 1·4후퇴로 우리 가족은 부산으로 피난했지만, 할머님만은 고향인 성환으로 가셨다가 3월 18일 서울이 재수복되기가 무섭게 먼저 서울로 들어와 자리를 잡으셨다.

당시 한강을 건너 서울에 들어오기 위해서는 군 당국이 발행한 도강증(渡江證)이란 게 필요했다. 1951년 말, 나는 부친을 따라 어찌어찌하여 도강증 없이 서울로 올라왔고 부친께서는 나를 할머니한테 데려다주고 부산으로 복귀하셨다. 나는 할머니와 단둘이 생활하며 1952년 중구 인현동에 있던 영희국민학교 4학년으로 학교에 다녔는데, 그 학교는 미군이 점령하고 있어서 수업은 다른 학교 교실을 빌려 진행되었다.

할머니는 수완이 뛰어난 분이셨다. 당시 우리 집은 미군 부대가 주둔하고 있던 영희국민학교 뒷담에서 길 건너 10여 미터쯤 떨어진 곳에 있었고, 할머니는 그 미군 부대에 근무하는 한국인 직원, 이른바 군속(軍屬)들과 짜고 사업을 벌이고 계셨다.

할머니가 미군 부대 군속들과 벌인 사업이라는 건 이런 것이었다. 오후 느지막해서 돌멩이가 날아와 우리 집 나무문을 땅 하고 때리면, 이는 미군 부대 담 너머로 물건을 던진다는 신호로 햄, 소시지, 칠면조, 각종 과일, 통조림, 미군 전투식량 C-레이션 등등이 포장도 뜯지 않은 채로 담을 넘어온다. 그러면 할머니가 고용한 장정들이 이를 재빨리 집 안으로 옮겨놓는다.

이튿날 아침 '양키물건' 장사하는 아주머니들이 우리 집에 모여

들어 어제 들어온 물건을 받아 가고, 이어서 어제 물건을 납품(?)한 미군 군속들이 수금해간다. 말하자면 할머니는 미군 부대에서 군속들이 빼낸 물건의 총판을 한 셈이었다. 요새 우리가 맛있게 먹는 부대찌개에 '부대'가 붙어 있는 것도 미군 부대에서 흘러나온 이런 것들을 재료로 만든 찌개에서 비롯되었기 때문이다.

결국 할머니가 이들과 거래한 것은 미군 부대에서 도둑질한 물건이었다. 할머니는 후일 천주교로 개종하여 고해성사를 통해 이러한 자신의 예전 행위를 눈물로 참회하셨고 돌아가셨을 때 수의(壽衣)는 '수녀복'이었다. 그러나 남자들도 생활을 헤쳐나가기가 어렵던 시절, 이미 환갑이 넘었고 게다가 여자인 할머니가 보여준 수완은 지금 생각해도 대단한 것이었다.

할머니의 나에 대한 애정은 각별했고, 할머니 사업 덕분에 나는 별의별 것을 다 먹어보았다. 1986년 1월 6일 세상을 떠나셨을 때 한국에는 있는 직계가족이라곤 나뿐이어서, 막내 손자인 내가 졸지에 상주가 되어 저세상으로 보내드렸다. 그분의 연세는 98세였다.

정기언(鄭基彦) 외할머님 또한 이에 버금가는 인물이다. 곽두승(郭斗昇) 외조부님은 원래 평안도가 고향인데 유능한 동생과 만주로 가서 함께 사업을 벌여 큰돈을 벌었다 한다. 그 돈으로 커다란 금괴를 구입해 두 분이 반으로 나누어 각자 독립했다는 것이다.

두 분은 함경북도 성진(城津, 현 김책시)에 정착했는데, 외종조부는 사업으로 큰 성공을 거두었지만, 외조부님은 무능하셔서 사업에 별

재미를 보지 못했다고 한다. 그러자 외할머님은 모친과 이모, 두 딸의 교육을 위해 결단을 내려 서울로 와서 하숙업을 하게 된다.

이렇게 하여 내 모친은 진명고녀(현재 진명여고), 동생인 이모는 경기고녀(현재 경기여고)를 졸업하게 되는데 형편상 딸 둘 모두를 대학 진학시킬 수가 없어서 더 우수했던 이모는 일본 동경여의전으로 진학하여 산부인과 의사가 되고 내 모친은 하숙생이었던 부친과 결혼하게 된다.

부친은 1940년 10월 25일 처가가 있던 함경북도 성진시 욱동 621번지에서 '송(宋) 소아과의원'을 개업했고, 나는 1942년 4월 3일 그곳에서 태어났다. 태평양전쟁에서 일본의 패색이 짙어지자 1945년 4월 25일 부친은 식솔을 이끌고 그곳을 떠나 경기도 포천시 일동면 기산리까지 남하하여 그곳 주민들의 건강을 돌보며 사태를 관망했다. 마침내 8월 15일 일본이 항복하고 북한에 소련군이 진주하자 그해 11월 30일 서울로 내려와 정착한다.

이처럼 날짜까지 들어가며 이야기하는 것은 내 부친의 철저한 '기록 정신'을 말하고자 함이다. 앞에서 내가 "합격생 42명 중 17등인가 하는 평범한 성적으로" 정치학과에 들어갔다고 말한 것도 그런 뜻에서이다. 내 부친은 기록 분야를 공부한 분은 아니었지만, 전문가 뺨칠 정도로 '기록의 달인'이셨다. 부친의 기록이 없었다면 이 책을 쓴다는 생각조차 할 수 없었을 것이다. 부친의 기록 이야기는 두고두고 하기로 한다.

회상 11

부친 송상근(宋相根) 철도병원장

내가 두 할머님의 억척스러움 덕분에 고등교육을 받은 부모 사이에서 태어나 서울에서 비교적 편안한 환경 속에서 성장하여 전국에서 서울대학교에 가장 많이 진학하던 경기고등학교를 졸업한 자체만으로도 행운이었다. '기록의 달인'이신 부친 덕분에 중·고등학교 학생증이 아직도 남아 있다.

부친께서 간직해준 학생증 이야기를 꺼내는 것은, 경기고등학교 교장이었던 김원규(金元圭) 선생에 관한 이야기를 하기 위함이다. 김원규 교장은 서울고등학교 교장으로 취임하여 그 학교를 명문의 반열에 올려놓은 '명문학교 제조 교장'으로 명성을 떨치던 분이었다. 서울고등학교 교장 시절 교내순찰을 하다가 학생들이 담배 피우는 현장을 목격하고 그 학생들이 담을 넘어 도망치는데도 쫓아가 담을 넘다가 떨어져 다리가 부러졌다는 유명한 일화도 남긴 분이다.

학생증에 붙어 있는 사진을 자세히 보면 중학 때의 사진은 빡빡머리인데 고등학교 사진은 스포츠형 머리임을 알 수 있다. 중학 때의 빡빡머리 사진은 김원규 교장 부임 이전에 찍은 것이고, 그가 교장으로 부임한 후 스포츠형으로 기르게 했다. 당시 다른 학교 학생

나의 경기중학교 학생증(왼쪽)과 경기고등학교 학생증(오른쪽)

은 전부 빡빡머리였다.

김원규 교장은 1958년 경기고등학교에 부임한 후 전국에서 유명한 교사를 여러 명 스카우트했다. 『영어정해』 저자로 유명한 제물포고교 교사였던 김열함(金烈涵) 선생, 국어 교사로는 문학평론가 이어령(李御寧) 선생과 『요한 시집』이라는 난해한 소설을 쓴 장용학(張龍鶴) 선생, 후일 종로학원을 창립한 수학의 정경진(丁庚鎭) 선생 등등 실로 화려한 교사진이었다.

당시 입시는 대학별로 치르고 있었다. 그는 교사들에게는 저승사자여서, 기회가 있을 때마다 "서울대학교 시험에 나온 것을 가르치지 않은 선생은 반드시 사표를 받는다"는 점을 강조했다. 이 점에서 교사들에게는 악마처럼 보였겠지만 우리 학생들에겐 커다란 행운이었다. 물증은 없고 심증만 있지만, 아마도 다음과 같은 일이 있었다는 것은 거의 틀림이 없을 거라는 생각이 지금도 든다.

고등학교 3학년 2학기가 되자 국어 장용학 선생이 바빠지기 시작했다. 사자성어(四字成語)를 잔뜩 프린트해 나누어주는가 하면 느닷없이 원고지를 나누어주고 작문 연습을 시켰는데, 실제 내가 응시한 서울대학교 국어 시험에서도 사자성어와 작문이 출제되었다.

믿거나 말거나, 내 추측은 이러하다. 김원규 교장의 '공갈'을 들은 장용학 선생은 고민 고민하다가 고향 선배로 소설 『꺼삐딴 리』를 쓴 문리대 국문과 전광용(全光鏞) 교수를 찾아간다. 소주 한잔하며 장용학 선생이 하는 말. "선배, 내가 있는 고등학교에 고약한 교장 놈이 하나 왔는데 선배가 출제하는 입시문제를 내가 가르치지 않으면 나는 모가지니, 살려주쇼." 이런 하소연을 하며 소주잔을 주고받다가 무슨 힌트를 얻지 않았나 하는 것이 내 추측이다. 두 분의 고향은 함경도였다.

어쨌든 나는 고등학교 선배들이 타준 따뜻한 커피를 마시고 용기백배하여 시험을 쳐 국립서울대학교 문리과대학 정치학과에 합격했는데 부친은 일기에 다음과 같이 기록하고 있다.

> 1961. 3. 10(금) 맑음
>
> 새벽 2시 전후하여 700점 만점에 최저 498점이며 철원이는 526점이라고 한다. 정치과의 약 10:1에 가까운 난관을 돌파한 셈이다. 온 가족이 자지 못하고 새벽에 환호성을 내며 기뻐하였다. 이 환호감을 두고두고 되살리어 앞날의 힘이 되고 살이 되도록 마음속으로 빌며…

국립철도병원 원장 시절의 부친

부친께서 특히 기뻐했던 것은 가족 중 내가 유일하게 서울대학교에 입학했기 때문이었다. 부친께서는 세브란스 출신 의사이고, 맏형도 연세대를 거쳐 미국 컬럼비아대학을 졸업한 의사이다. 둘째 형은 신학대학을 졸업했고 누나와 여동생은 이화여대 음대를 나왔으니, 그러했다.

부친이 표현하지는 않았지만, 막내 아들놈이 사회의 흐름에 비위를 맞춰가며 성장하여 혹시라도 이담에 글 쓰게 되면 상류사회의 고상한 이야기를 쓸 것을 기대했을 게다. 그러나 내가 쓰고자 하는 글의 내용은 부친의 기대와는 멀어도 한참 멀다. '데모', '중앙정보부', '학원사찰', '형무소', 이런 말들이 곧잘 나올 것이니 말이다.

그래서인지 평소 지인들과 대화할 때 셋째아들에 대해 긍지를 가졌던 부친께서, 어느 때부턴가 친구분과 식사하며 약주가 거나하게 되자 "내가 이담에 손자 낳으면 절대 문리대 안 보낸다"라고 했다는 말을 지나는 길에 들은 적이 있었다. 이런 말씀을 했던 데에는 충분한 이유가 있었다.

고통은 부친 자신에게 찾아들었다. 철도병원장이라는 공무원의 아들이 '내란죄'가 어쩌고 하는 데 걸리는가 하면, 김지하 같은 '고약한 놈'을 입원까지 시켰으니(폐결핵에 걸린 김지하를 시립 서대문병원에 입원시켰었다), 중앙정보부가 가만있지 않았음은 불문가지였다.

그래서 연일 감사니 뭐니 불려 다니고 조사받다 화가 나서 "잘 먹고 잘 살아라" 하고 사표를 던지고 싶었지만, "거 봐라. 송철원 애비 뒤가 구리니까 사표 냈다"고 중앙정보부가 나발 불 것이 뻔할 뻔 자라 털 테면 털어 봐라는 심정으로 사표 내지 않고 버틸 데까지 버티려 했다.

철도병원 직원들이 부친에게 붙여준 별명이 "면도칼"이어서 아무리 털고 또 털어 봐도 티끌 하나 보이지 않자 영특한 정보부는 직접화법으로는 안 되겠다 싶었는지 철도병원 약국으로 쳐들어가 약을 한 알씩 세기 시작했다. 부하인 약국장이 다칠 위기에 처하자 결국 부친은 1971년 11월 철도병원장을 사직하고 한국이 지겨웠던지 이듬해 6월 형제들이 사는 미국으로 이민을 가셨다.

미국으로 떠나기 전 부친은 엄청난 분량의 '스크랩북', 내가 〈송상근 기록〉이라고 이름 붙인 자료 모음집을 나에게 넘겨주었다. 총 45권 6,750페이지에 이르는 〈송상근 기록〉은 신문·잡지 등의 스크랩뿐만 아니라 학생운동과 관련된 각종 문건과 유인물·편지·메모 등 소중한 자료를 담고 있었다. 내가 학생운동 등으로 활동하다 집에

회상 11: 부친 송상근(宋相根) 철도병원장 **89**

돌아와 내팽개쳐둔 것들을 부친은 소중히 간직하여 자료집을 만든 것이다.

당시 〈송상근 기록〉은 지상(地上)에 존재할 수 없는 슬픈 신세였다. 1971년은 박정희가 이른바 '10월 유신'을 선포하여 광란의 시대로 들어가기 바로 직전의 시기로 〈송상근 기록〉은 일종의 '불온문서'였기 때문이었다. 그때 내가 할 수 있는 일은 땅속에 묻어서 존재를 감추는 것뿐이었다. 1992년에야 비로소 세상 밖으로 나온 〈송상근 기록〉은 그 치밀함으로 사람들을 놀라게 했고 내가 이 책을 쓸 수 있는 토대가 되었다.

2010년 부친께서 세상을 떠나자 공식 칭호는 아니지만 '기록의 달인'이라는 칭호를 나 혼자 부친께 붙여 드렸다. 부친의 기록은 국가기록원의 요청에 따라 기증하여 현재 국가기록원 수장고에 보존되어 있고, 일부가 복제되어 대한민국 역사박물관에 당당히 전시되어 있는 것을 보면 기록 전문가들도 양해하시리라 믿는다.

2022년 6월 3일 경기도 이천에 있는 민주화운동기념공원의 민주화운동기념관에서 열린 기획전시전 「'굴욕적' 한일협정과 6·3항쟁」에 〈송상근 기록〉의 주요 부분이 전시되었다(이 전시회는 2023년 3월 31일까지 계속된다). 부친께서 나에게 기록을 넘겨주신 지 꼭 50년 만의 일이었다.

II
문리대 1961

1961년 봄 교수와 선배들이 함께한 가운데 문리대 정치학과 신입생환영 야유회가 태릉에서 있었다. 이날 나는 선배들이 권하는 술을 넙죽넙죽 받아 마시는 바람에 인사불성이 되었다는 기억밖에 없다. 사진 뒷줄 왼쪽에서 다섯 번째에 얼굴이 반 정도만 보이는 것이 내 모습이다. | 사진제공: 김도현(정치 61)

1. 1961년의 배경

이승만 독재와 4·19혁명: 제1공화국의 붕괴

내가 서울대 문리대에 들어간 1961년은 이승만 독재에서 1960년 4·19혁명을 통해 민주 체제로 넘어왔다가, 민주 체제에서 박정희 군사독재로 역류하던 시기였다. 이해를 돕기 위해 먼저 4·19혁명으로 이승만 독재가 무너지기까지의 과정을 정리해보기로 한다.

1945년 8월 15일 일제의 패망으로 한반도는 이민족의 지배에서 벗어났으나, 북위 38도 선을 경계로 또다시 미국과 소련의 점령하에 들어가 남북으로 분단된다. 남한은 3년간의 미군정 끝에 1948년 5·10 총선거를 통해 2년 임기의 제헌국회가 구성되었고, 제헌국회에서 선출된 이승만(李承晚, 1875~1965)이 8월 15일 초대 대통령에 취임하여 제1공화국이 수립되었다.

1950년 5월 30일 시행된 4년 임기의 제2대 국회의원을 뽑는 총선거에서 이승만 지지자들이 대거 낙선하고 이승만에게 비판적인 무소속이 전체 의석의 60%인 126석을 차지하면서 권력 유지에 걸림돌이 등장했다. 그해 6월 25일 한국전쟁이 발발해 일진일퇴를 거듭하다가 1951년 1·4후퇴로 부산을 임시수도로 삼게 된다.

이승만은 부산 피난 시절 국회의원에 의한 간접선거로는 대통령 당선 가망이 없게 되자, 직선제 개헌안 통과를 위해 1952년 5월 26일 비상계엄령을 선포하여 군을 동원하는 쿠데타를 일으켰다. 그리고 7월 4일 밤, 경찰과 군대가 국회를 포위한 가운데 직선제 개헌안을 기립표결로 통과시켰다. 이를 부산정치파동이라고 한다.

이승만은 종신집권을 위해 또다시 '4사5입(四捨五入) 개헌'을 밀어붙였다. 당시 대한민국 헌법은 대통령과 부통령의 임기는 4년, 재선으로 1차 중임만 할 수 있을 뿐 3선을 금지하고 있었다. 1954년 5·20 총선에서 원내 다수당이 된 이승만의 자유당은 "초대 대통령에 한해 중임 제한을 없앤다"는 것을 주요 골자로 하는 개헌안을 그해 11월 18일 국회에 상정하고 27일 투표에 부쳤다. 투표 결과는 재적인원 203명 중 투표 참여자 202명, 찬성 135표, 반대 60표, 기권 7표였다. 헌법개정에 필요한 재적인원의 3분의 2인 찬성표 136표에 1표가 부족해 부결이 선포되었다.

그러자 이승만의 자유당은 재적인원 203명의 3분의 2는 135.333…인데, 소수점 이하의 숫자는 1명이 되지 못하여 인격으로 취급할 수 없으므로 사사오입(四捨五入)하면 135이고, 따라서 의결 정족수는 135명이기 때문에 헌법 개정안은 가결된 것이라고 주장했다. 이러한 억지 주장에 서울대 수학과 교수까지 동원되었다.

1954년 11월 29일, 야당 의원이 퇴장한 가운데 번복가결 동의안을 상정하여 통과시켰다. 이것이 이른바 '4사5입 개헌'이다. 이에 따라 이승만은 1956년 5월 15일의 대통령 선거에서 제3대 대통령에 당선되어 종신 대통령의 길에 오른다.

이후 이승만은 거듭된 실정(失政)으로 국민 지지를 상실하여 1960년의 제4대 대통령 선거에서의 승리가 어려울 것으로 예측되었다. 그러나 1960년 2월 15일 야당의 강력한 대통령 후보였던 민주당의 조병옥이 신병 치료를 위해 미국에 갔다가 사망하자, 대통령 선거는 이승만 독주 체제에 들어갔다.

이승만은 당시 84세의 고령이었다. 그래서 이승만 유고 시 계승권이 있는 부통령에 자유당의 제2인자인 이기붕을 무조건 당선시키려 했다. 이에 따라 종전의 정치 조작보다 훨씬 노골적인 선거 부정이 자행되었다. 이것이 1960년의 3·15부정선거로 전국적으로 유령유권자 조작, 4할 사전투표, 입후보 등록의 폭력적 방해, 관권 총동원에 의한 유권자 협박, 야당 인사의 살상, 투표권 강탈, 3, 5인조 공개투표, 야당 참관인 축출, 부정 개표 등의 온갖 방법이 총동원되었다. 이러한 부정선거의 결과 이승만과 이기붕의 득표율이 95~99%에 이르러 너무 높아지자 멋대로 하향 조정하여 이승만 966만여 표(88%), 이기붕 833만여 표(79%)로 조작·발표했다.

이승만 정권이 자행한 부정선거에 가장 먼저 항의의 깃발을 든 것은 학생, 그것도 고등학생이었다. 일요일이었던 1960년 2월 28일 대구에서는 야당 부통령 후보 장면이 유세하기로 되어 있었다. 집권 자유당은 이 집회에 참석하는 것을 막기 위해 공장노동자들을 전원 출근시키는가 하면 대구 시내 각급 학교에 등교 지시가 내려졌다.

1960년 3·15 부정선거의 한 장면. 유권자들은 3인조·5인조로 투표소에 단체 입장해 서로의 감시하에 공개투표를 했다. | 사진출처: 3·15의거 기념사업회

이에 경북고 학생 800여 명이 항의 시위에 나선 것을 시작으로, 대구고·경북여고·경북대사대부고 학생들이 시위를 감행했다.

이 대구 2·28 시위가 도화선이 되어 연일 고등학생이 시위를 벌였다. 이후 3월 15일 제1차 마산 시위에서 시민과 학생 1만여 명이 시위에 나서 경찰 발포로 8명이 사망했다. 4월 11일에는 제1차 마산 시위에서 행방불명되었던 마산상고생 김주열의 시신이 실종 27일 만에 왼쪽 눈에 최루탄이 박힌 채 발견되자 격분한 시민 3만여 명이 시위에 나서 경찰 발포로 2명이 사망했다. 이후 전국적으로 시위가 확산되어 4·19혁명을 촉발하게 된다.

고등학생들이 죽음을 무릅쓰고 시위에 나섰음에도 대학생들은 이때까지도 사태를 관망하고 있었다. 대학생들이 시위에 나선 것은 4월 4일의 전북대생 시위가 최초였고, 서울에서는 4월 18일의 고려대생 시위가 최초였다. 4월 19일 시위가 확산되자 서울·부산·대구·광주·대전에 비상계엄이 선포되고, 4월 26일 이승만 대통령이 사퇴 의사를 표명한 데 이어 4월 27일 국회에 사임서를 제출함으로써 이승만의 12년 독재가 막을 내렸다.

여기서 주목해야 할 점은, 이승만 독재에 최초로 항거해 4·19혁명의 도화선에 불을 붙인 것이 대학생이 아닌 고등학생이었다는 사실이다. 이들은 1961년 대학생이 되자 쿠데타를 일으킨 박정희에 대한 비판 세력을 형성한다. 그리고 박정희 독재에 최초로 저항한 6·3항쟁을 주도하게 된다. 그 중심에 문리대가 있었다.

박정희의 쿠데타 미수에서 성공까지: 제2공화국의 붕괴

이승만 대통령이 하야 의사를 밝힌 1960년 4월 26일부터 군사쿠데타가 일어난 1961년 5월 16일에 이르는 기간은 1987년 6월 민주항쟁 이전의 대한민국 현대사에서 가장 자유롭던 시기였다. 그리고 1년여밖에 되지 않는 이 시기에 이승만 정권, 허정 과도정권, 장면 정권, 5·16쿠데타에 의한 박정희 군사정권에 이르기까지 무려 4개 정권이 바뀌었다.

박정희의 쿠데타 하면 1961년 5월 16일의 쿠데타만 생각하기 쉽지만, 그가 쿠데타에 성공하기까지 무려 9년이라는 긴 세월이 필요했고, 그것도 무려 다섯 차례에 걸친 시도 끝에 성공했다는 사실을 아는 사람은 그리 많지 않다.

최초의 쿠데타 시도는 부산정치파동 때였다. 1952년 5월, 대령이던 박정희는 직속 상관인 작전교육국장 이용문 준장이 추진하던 쿠데타 모의에 가담했으나, 이승만을 제거하고 장면을 추대하려던 이 쿠데타 시도는 장면 측의 거부로 무산된다. 1953년 6월 24일 이용문이 비행기 추락 사고로 사망한 후 박정희는 쿠데타 기치를 홀로 들고 세력 규합에 나섰다.

1953년 11월 25일 박정희는 준장으로 진급하여 미국 육군포병학교에서 교육을 받은 후 1954년 10월 18일 광주포병학교 교장에 부임했다. 그곳에서 박정희는 5·16쿠데타의 주체세력 중 한 축을 이루는 다음과 같은 포병 인맥을 만들게 된다(괄호 안은 쿠데타 후의 직위).

- 행정처 보좌관 이낙선(대령 예편, 국세청장·건설부 장관 역임)
- 항공대장 이원엽(소장 예편, 감사원장 역임)
- 학생대장 홍종철(준장 예편, 대통령 경호실장·문교부 장관 역임)
- 부교장 정인완(준장 예편, 국가재건최고회의 비서실장 역임)
- 구자춘(대령 예편, 서울시장·내무부장관 역임)

1958년 3월 동기생 가운데 가장 먼저 소장으로 진급한 박정희는 6월 17일 제1군 사령부 참모장으로 임명되어 야전군 사단장 및 참모들과 친해져 자연스럽게 인맥을 구축하는 기회를 잡는다. 다음이 제1군 사령부 참모장일 때의 참모진이다(괄호 안은 쿠데타 후의 직위).

- 인사 박경원(소장 예편, 내무부장관·교통부장관 역임)
- 작전 최택원(소장 예편, 감사원 감사위원·총무처차관 역임)
- 작전 채명신(중장 예편, 주월 한국군 사령관·제2군 사령관 역임)
- 정보 김용순(중장 예편, 중앙정보부장·국회의원 역임)

박정희에게는 이렇게 만든 인맥 외에도 기본적인 인맥이 있었다. 김동하·박임항·이주일 등 박정희와 같은 만주군관학교 출신 외에도, 과거 육군본부 정보국에서 인연을 맺은 조카사위 김종필 등 육사 8기 출신, 경비사관학교 중대장 시절 그가 가르쳤던 5기 출신, 그리고 그의 밑에서 일했던 직속 부하 등이었다. 박정희는 10년간 주도면밀한 인간관계를 형성하여 뜻을 함께할 수 있는 인물들을 포섭해가고 있었다.

1959년 7월 1일 박정희는 서울지역을 관할하는 제6관구 사령관에 임명되었다. 제6관구는 요즈음의 수도방위사령부에 해당하는 요직이었다. 1960년 1월 21일에는 부산에 있는 군수기지사령부의 초대 사령관에 취임했다.

구슬이 서 말이라도 꿰어야 보배라 했던가. 제6관구 사령관에 취임하고 나서 박정희는 그동안 모아온 구슬을 본격적으로 꿰기 시작했다. 이후 쿠데타를 시도하게 되는데, 문제는 그가 타도 목표를 이승만에서 장면으로 바꾸면서 타도 명분도 바꿨다는 점이다. 그것은 최종 종착점이 정권 탈취였다는 것을 뜻한다. 이것이 바로 박정희의 봉기가 혁명이 아니라 쿠데타일 수밖에 없는 이유이다.

1960년 10월 1일 서울운동장에서 열린 제2공화국 출범 경축식에서 윤보선 대통령(왼쪽)과 장면 총리(오른쪽) 내외가 3군 분열식을 사열하고 있다. 5·16쿠데타로 무너진 장면 정권의 수명은 9개월에 불과했다. | 사진출처: e영상역사관

박정희가 이용문과 함께 처음 이승만 타도 쿠데타를 시도했던 것은 1952년 5월이었다. 9년 후인 1960년 3·15 부정선거를 자행하자 그해 5월 8일 이승만 정권을 타도하기 위한 두 번째 쿠데타를 계획했으나 4·19혁명으로 이승만이 하야하자 무산되었다.

5·8쿠데타 계획이 미수에 그치자 박정희는 '정군(整軍)'으로 쿠데타 명분을 바꾼다. 그는 자신을 따르는 일행과 함께 하극상(下剋上) 사건을 일으켜 군부를 쑤셔대기 시작했다. 이 일로 7월 8일 박정희는 광주 제1관구 사령관으로 좌천되었고, 광주로 간 사이에 7·29 총선이 실시되어 민주당이 집권했다.

박정희는 육군참모총장 자리를 노리고 국무총리 후보 김도연에

게 접근했다. 그러나 김도연 총리 인준이 국회에서 부결되고, 결국 1960년 8월 23일 장면 내각이 출범했다. 이후 박정희는 9월 10일 육군본부 작전참모부장이라는 요직에 임명되었으나, 또다시 하극상 사건이 발생하고 그 배후로 박정희가 지목되어 12월 5일 제2군 부사령관으로 좌천당한다. 이렇게 되자 1952년 이승만을 타도하고 옹립하려던 장면을 새로운 공격 목표로 삼게 된다.

박정희가 장면 정권 타도를 목표로 한 데에는 또 다른 이유가 있었다. 박정희가 육군본부 작전참모부장에 임명되고 난 후 미국 측에서 박정희의 예편을 요구한 것이다. 당시 미국의 원조로 살림을 꾸려가던 대한민국은 미국의 의사를 결코 무시할 수 없었다. 1960년 10월 초 미 국방성의 한 고위 관리는 "한국군의 작전참모부장은 공산주의자다. 체코슬로바키아도 공산화되기 전에 육군의 작전국장이 빨갱이였는데 그 사람이 주동이 되어 국가 전체를 공산화시켰다"며 박정희의 남로당 전력을 들어 경고했다.

이후 박정희는 눈에 핏발이 선 채로 쿠데타 작업에 몰두했다. 공교롭게도 그 작업은 1961년 4월 내가 문리대에 첫발을 디딘 시점과 일치한다. 즉 4월 19일, 4·19혁명 1주년이 되는 날 학생들의 데모가 일어나면 이를 폭동으로 유도하여 진압을 명분으로 군대를 동원해 장면 정권을 타도한다는 계획이었다. 그러나 이날이 조용하게 지나가자 이 세 번째 쿠데타 계획을 5월 12일로 미루었고, 이 네 번째 계획이 누설되자 또다시 나흘 연기하여 5월 16일 다섯 번째 쿠데타 시도에서 성공하게 된 것이다.

5·16쿠데타를 살피기에 앞서, 1961년 4월의 모습부터 들여다보기로 한다.

2. 4·19혁명 1주년과 5·16쿠데타 그리고 문리대

4·19혁명 1주년: 박정희의 제3차 쿠데타 미수

돌이켜 보면, 1960년 2월 15일 야당 대통령 후보 조병옥이 사망한 사건이 내가 정치학과를 선택하는 데 가장 큰 영향을 미친 것 같다. 정치인 조병옥에 대한 호오(好惡)의 평가를 떠나, 당시 이승만의 유일한 대항마였던 그의 사망은 "청천벽력의 비보에 전 국민은 경악"(《동아일보》 1960.2.17. 3면)할 정도였으니 나는 말할 것도 없었다.

나는 그의 사망을 접하고 펑펑 울었다. 당시 대전고등학교 3학년으로 시위에 나섰고, 1961년 정치학과 동기가 된 김정남(金正男)도 나와 같은 심정이었다. 당시 경북고등학교 학생들이 2·28 시위에 나섰던 것도 같은 심정에서였을 것이다. 다음은 김정남의 이야기다.

저는 1956년에 신익희 대통령 후보가 돌아가셨을 때도 울고, 1960년 야당의 대통령 후보로 선출된 조병옥 박사가 신병 치료차 미국에 건너가 월터리드 육군병원에서 죽었을 때도 아주 안타까

위했어요. 조병옥이 죽고 이승만이 대통령 후보로 단독 출마한 기이한 상황인데, 학생들 보고 유세장에 가지 말라고 탄압한 것이 오히려 학생들을 격동시킨 셈이 됐죠.

_김정남·한인섭, 『그곳에 늘 그가 있었다』, 창비, 2020, 23쪽.

이번에는 정치학과 동기 이부영(李富榮)의 이야기를 들어보자. 그는 친구의 죽음으로 진로까지 바꿨다.

나는 홀어머니 밑에서 어려운 학창 생활을 보냈다. 서울 영등포의 외진 당산초등학교를 졸업하고 종전 직후 용산중학교에 입학, 1961년에 서울대 정치학과에 진학했다. 고 3 때 4월 민주혁명을 맞았다. 서울대 공대에 진학할 거라고 열심히 공부하는 동안, 친구가 철조망을 넘어나가서 데모에 참여했다가 동대문서 앞에서 경찰이 쏜 총탄에 맞아 사망하는 일이 벌어졌다. 옳은 일에 나서서 죽은 친구 앞에, 공부한다고 책상머리에 앉아 있던 나 자신이 너무 부끄러웠고 학생들을 죽이는 정치라는 것에 대해 분노하고 바꿔야 한다는 생각을 하게 되었다. 그래서 공대 기계공학과로부터 정치학과로 지원학과를 바꿨다.

「이부영 비망록」, 『3선개헌반대운동 구술사료수집사업 최종보고서』,
현대사기록연구원, 2016, 608쪽.

4·19혁명. 그것은 1960년 4월 19일을 지칭하는 말이다. 이날 서울

1960년 4월 18일 저녁, 고려대 데모대가 학교로 돌아가는 도중 깡패들의 습격을 받은 것을 보도한 《조선일보》(1960.4.19. 3면)

시내 대학생이 일제히 시위에 나섰던 데에는 4월 18일 저녁 깡패들이 고려대생을 습격한 사건에 분노한 것이 큰 몫을 했다. 그런데 이 사건을 알린 것은 "폭력이 휩쓴 서울의 야음(夜陰)"이라고 보도한 《조선일보》(1960.4.19. 3면)였다. 다음은 《조선일보》가 고려대생들의 피습을 보도하여 대학생들을 격앙케 한 내용으로 오늘날 이 신문사 기자들이 참고했으면 하는 대목이다.

> 을지로4가에서 청계천을 거쳐 예지동으로 들어서는 순간(오후 7시 20분경), 갑자기 데모대를 기다리고 있었다는 듯이 깡패와도 같은 정체불명의 괴한 60여 명이 손에 손에 쇠갈고리, 쇠뭉치, 야구빳따, 쇠사슬 등을 휘두르며 데모대를 습격했다. 동 습격으로 앞장에 섰던 데모대원과 신문기자 등이 부상을 입고 쓰러지자 일단 주춤하고 물러섰으나 곧이어 뒤에 있던 학생들이 가로수에 울을 쳤

던 각목(角木)과 돌을 들고 이에 대항하기 시작하자 괴한들은 쏜살같이 행방을 감추었다.

당시 나는 고등학교 3학년이었다. 바로 4월 19일 아침, 단단히 마음먹고 학교로 갔으나 수업이 없으니 그냥 귀가하라는 것이었다. 그래서 투덜거리며 친구들과 함께 걷다가 종로 보신각 부근에서 대학생 선배들의 데모 현장을 직접 목격했고, 그로부터 꼭 1년 후 대학생이 되어 선배들이 걷던 길을 말 없이 돌아볼 기회를 갖게 된다. 이 장면을 자세히 짚어보자.

1961년 4월 어느 날 문리대 교정을 지나가고 있는데 "너 경기 나왔지?" 하기에 그렇다고 했더니, "이거 좀 잘 갖고 있어" 하고는 보따리 하나를 나에게 맡기고 어디론지 사라졌다. 그는 경기고 4년 선배이자 문리대 학생회 간부였던 김덕창(金德昌) 선배였다. 입학한 지 며칠 되지 않아 모든 것이 신기하고 선배가 하늘로 보이던 신입생! 선배가 맡긴 보따리를 지키는 거룩한(?) 임무를 수행하느라 나는 망부석이 된 채 한 30분 정도 그 자리에 꼼짝하지 않고 서 있었다. 나중에 안 일이었지만, 보따리 속에는 며칠 후에 있을 '4·19 1주년 기념 침묵시위' 행사비가 들어 있었다.

4·19혁명 1주년, 이날 박정희의 움직임을 따라가 보자.
박정희는 2차에 걸친 이승만 타도 쿠데타 계획이 미수에 그치자 목표를 장면 쪽으로 바꾸었다. 장면은 이용문과 함께한 제1차 쿠데타 미수 때 이승만을 제거하고 대신 추대하려던 인물이 아니었던가? 그러던 장면을 타도하려 한 것은, 장면이 국무총리에 선출된 것이 1960년 8월 19일이었으니 그 후 불과 8개월 만의 일이었다.

박정희는 4·19 1주년 기념일인 1961년 4월 19일, 장면을 목표로 하여 제3차 쿠데타를 시도할 계획을 세웠다. 4·19 후 각종 시위로 시끄러웠던 만큼 4·19 1주년 기념일에 군중 폭동이 일어나면 출동한 폭동진압부대 병력으로 쿠데타를 일으키기로 하고, 세 번째 거사 날짜를 4·19 1주년 기념일로 결정한 것이다.

박정희 일행은 이처럼 4·19 1주년에 격렬한 데모가 벌어져 폭동 상황이 되면 진압을 위해 동원된 군대로 쿠데타를 일으킬 참이었다. 그들은 그날 학생들의 데모가 일어날 것을 기대했고, 당시 사회 상황으로 보아 거의 필연적이라고 확신했다. 그러나 예상과 어긋날 수도 있었다. 그러자 "사전에 대대적인 데모를 일으키도록 학생들을 포섭하는 공작을 하자"는 착상이 김종필의 머리에서 나왔다.

바로 이 "학생들을 포섭하는 공작"에 따라 서울대학교 수의과대학(수의대) 학생회장이었던 이우재(李佑宰)가 김종필을 만나게 되는데, 다음이 그 이야기이다. 당시 수의대는 오늘날 대학로의 일부인 종로구 연건동에 있었다.

> 4·19혁명 1주년을 앞둔 어느 날 잘 아는 선배가 찾아와, "지금의 장면 정권은 너무나 무능하고 부패하다. 4·19 과업을 완수하기 위해서는 새로운 세력이 나와 장면 정권을 타도하고 권력을 잡아야

한다. 얼마 전에 혁명을 준비하는 사람을 만났다. 그 사람은 혁명을 일으키기 위해 군 내의 세력을 규합하고 있다. 학생들은 4·19 1주년 기념 시위를 대대적으로 벌이기만 하면 된다. 그러면 시위 진압을 위해 군대가 동원될 것이고, 그 기회를 이용하여 총부리를 돌려 장면 정권을 타도하게 될 것이다"라고 했다.

며칠 후 선배의 권유에 따라 "혁명을 준비하는 사람"의 청파동 집에 가보니, 그 사람이 바로 김종필이었다. 내가 김종필에게 혁명 노선은 무엇이고 지도자가 누구냐고 묻자, 자기들 노선은 무능 부패한 장면 정권을 타도하고 4·19혁명을 완수하는 것이며 지도자는 육군참모총장 장도영이라는 것이었다.

이야기를 마치고 나오면서, 김종필이 말한 혁명 지도자 중에 혁신계 인사는 한 명도 없고 주로 군부 인사들이라는 점이 이상하다는 생각이 들어 이후 그들과 일체의 접촉을 끊었다.

_이우재, 『비록 골짜기에 있을지라도… 맑은 향기를 내리라』,
사회문화연구소 출판부, 1995, 71~76쪽.

과연 박정희와 김종필의 의도대로 학생들이 폭동을 일으켰는가? 학생들은 이때 이우재처럼 굉장히 신중했다. 쿠데타를 일으키려는 군인들이 '거리에 나가라'고 학생들을 부추기는 속에서 '학생들은 이거 위기가 오는 것 아니냐'는 생각을 했고 여러 상황을 볼 때 신중하게 대처해야 한다고 판단했다. 그래서 4·19 1주년에 서울대 문리대 같은 데서도 침묵시위 정도만 했고 전국이 그야말로 조용했다. 쿠

1961년 4월 19일 서울대학생들의 4·19 1주년 기념 침묵시위 장면. 맨 왼쪽이 당시 문리대 학생회 상임위원장이었던 김덕창이다.|사진출처:《동아일보》

데타를 일으키려는 자들이 이날을 계기로 뭔가 해보려고 음모를 꾸몄지만, 아무 일도 할 수가 없었다.

이때 박정희는 어디서 무얼 하고 있었을까? 거사일인 4월 19일 박정희는 대구의 제2군 부사령관실에서, 서울의 일행은 종로 부근 '은성(銀星)'이라는 음식점을 통째로 빌려 대기하고 있었다. 그들은 4·19 혁명 1주년 기념식이 대규모 유혈 폭동으로 발전하여 장면 정부가 세엄링을 선포하면 출동하게 되어 있는 폭동진압 부대를 그대로 쿠데타 부대로 전환할 준비를 하고 있었던 것이다. 그러나 유감스럽게도 폭동은 일어나지 않았다. 그것은 학생들이 다음과 같은 언론 보도처럼 침묵의 시위행진을 하고 있었기 때문이었다.

4월 19일 상오 10시 반부터 서울대학교 문리대 교정에서는 서울대생 약 2천여 명이 모인 가운데 학생회 주최로 4·19 1주년 기념식이 거행되었다. … 기념식을 끝마치고 식에 참가한 전 학생이 "남북 학생 판문점에서 만나자", "속지 마라 소련 놈, 믿지 마라 미국 놈", "이북 쌀, 이남 전기", "밀가루를 주지 말고 기계를 달라" 등 자극적인 장(張) 정권을 비난하는 내용의 플래카드를 앞세우고 작년 4·19 당시 밟았던 코스를 따라 낮 12시 현재 아무런 사고 없이 침묵의 시위행진을 진행하고 있다.

_《동아일보》1961.4.20. 3면.

나는 이때 선배들이 선도하는 침묵시위 행렬 뒤쪽에서 시위에 참여하고 있었다. 이날 침묵시위는, 1년 전 4월 19일 문리대 데모대가 아홉 군데의 경찰 저지선을 돌파하여 경무대(현 청와대) 입구에 도달해 경찰의 총격을 받을 때까지의 코스를 행진한 후 문리대로 복귀함으로써 끝났다. 침묵시위가 끝난 후 축제가 벌어졌고 언론은 이를 다음과 같이 보도했다.

서울대학교 문리과대학 8백여 명의 학생은 독재와 불의에 항거하여 용감히 일어섰던 1년 전 이날을 상기하여 그들의 청춘을 구가하고자 카니발을 열었다. 4월 19일 저녁 6시부터 동교 강당에서 베풀어진 이 젊은이들의 제전은 술과 노래와 가장무도 등 호화로운 프로로 본날 저녁의 몇 시간을 즐겁게 보냈다.

_《조선일보》1961.4.20. 3면.

나도 이때 동기생들과 어울려 곤죽이 되도록 마시고 난 후 그것도 모자라 김덕창 선배 등과 어울려 다시 술 파티를 벌인 기억이 난다. 기록의 달인인 부친께서는 이날도 빠짐없이 일기에 다음과 같은 기록을 남기셨다.

> 1961. 4. 19.(수) 맑음
> 젊은 사자들이 부정에 항거하여 일어났던 한 돌날이다. …
> 철원이는 역시 과(科)가 과인만큼 연 3일째 행사 준비로 귀가조차 하지 않고 있다. 한밤중에 전화 연락이 오다. 젊은이의 앞날에 광명이 있기를 빌며 기다리다 잤다.

여기서 1961년 4월 19일, 4·19 1주년에 대해 이상한 점을 짚고 넘어가자. 앞에서 말했듯이 박정희는 이날 세 번째의 쿠데타를 시도했고 김종필은 이를 위해 서울대 학생회장 이우재를 만나기까지 했다. 다시 말해 박정희는 반공개적으로 드러내놓고 쿠데타를 시도했다. 시중에는 '4월 위기설'이 떠돌고 있었고, 장면 정부도 경찰을 동원해 이에 대비했다. 그런데 아무 일도 일어나지 않고 지나가자 경찰관들은 투덜댔다고 한다.

서울시 경찰국은 4·19 1주년 기념행사에 대비하여 4천여 명의 경찰관을 동원하여 동대문경찰서와 덕수상업고등학교에 각각 진을 치고 혹시나 무엇이 있지 않을까 신경을 기울였는데…

　　막상 서울대학교 학생들의 시가행진이나 서울 시내 중·고등, 대학생들의 시가행진 대열을 맞아본즉 그들이 걱정했던 불순세력의 '반정부 데모설'은 결국 터무니없는 정보가 되고 말았고 배치당한 경찰관들마저 투덜투덜 −

_《조선일보》 1961. 4. 20. 3면.

　돌이켜보면 참으로 한심한 정권이었다. 박정희가 거의 공개적으로 쿠데타를 꾸미고 있었는데 경찰관들은 투덜대기나 하여 결국 학생들의 피로 이룩된 권력을 허무하게 빼앗겼으니 말이다. 학생들은 쿠데타 명분을 주지 않기 위해 '침묵' 시위를 벌였는데, 장면 정권이 아무리 무능했다고 해도 왜 쿠데타를 방관했느냐는 것은 앞으로의 연구 과제로 남겨둔다.

5·16쿠데타, 깡패 그리고 나

　내가 문리대에 입학하고 나서 한 달여가 지난 1961년 5월 16일, 박정희는 마침내 쿠데타에 성공했다. 1952년 5월 부산정치파동 때 이승만 타도를 목표로 했던 제1차 쿠데타 시도 후 다섯 번 만에 이룬 성공이었다. 쿠데타와 더불어 반공을 국시로 삼는다는 등의 '혁명 공약'을 발표하여 쿠데타를 '혁명'이라며 미화했고, 이와 더불어 1년 전의 4·19 '혁명'은 4·19 '의거'로 강등되어버렸다.

이후 박정희의 쿠데타가 '5·16쿠데타' 또는 '5·16군사정변'이라는 올바른 명칭을 찾기까지 한 세대가 필요했다. 1993년 출범한 김영삼 문민정부가 '역사 바로 세우기 운동'을 펼치면서 '4·19혁명'과 '5·16쿠데타'를 복원한 것이다. 1990년대 중반부터 중·고등학교 역사 교과서에 '5·16군사정변'으로 표기되기 시작했다.

'5·16'이 혁명이든 쿠데타든 반공개적으로 드러내놓고 했을 뿐만 아니라 그 실행도 엉터리였다. '5·16'이 엉터리였다는 것은 3,600여 명의 쿠데타 병력으로 대한민국의 60만 대군을 잠재웠다는 신기한 사실이 말해주고 있다. 물론 이런 일이 벌어진 것은 미국이 쿠데타를 승인했기 때문이었다.

이같이 신기한 일이 벌어졌던 1961년 5월 16일, 내가 어디에서 쿠데타 소식에 접하고 어떤 감정을 느꼈으며 이후 무슨 쓸 만한 일을 했는가에 대한 기억이 조금도 없다. 그것은 모든 게 새롭기만 한 대학 생활에 매료되어 세상사를 잊고 있었음을 뜻한다. 아니 더 솔직히 말하면, 이놈 저놈과 술 퍼먹고 다니느라 정신이 마비되어 정의 따위는 남의 일처럼 여겼기 때문이다.

이를 입증해주는 이야기를 할 터인데, 먼저 쿠데타 직후 박정희 일행이 벌인 깡패 소탕 이야기부터 하기로 하자.

합법적인 민간정부를 무너뜨린 군사정권은 각종 '이벤트'를 기획하여 정통성의 결여를 만회하려 했는데, 깡패 소탕, 병역 기피 및 축

첩 공무원 축출, 미성년자 음주·흡연 금지, 댄스 금지 등등 사회기강 확립이라는 명분으로 국민을 정신없게 만들었다. 이 가운데 깡패 소탕에 대해서 살펴보기로 한다.

이승만의 제1공화국은 이른바 '정치깡패'가 가장 기승을 부리던 시대였다. 국민의 지지를 잃은 이승만은 관권과 폭력을 집권 연장 도구로 악용하여, 부산정치파동 시기에는 백골단·땃벌떼·민중자결단 등, 3·15부정선거 때는 대한반공청년단·반공예술인단 등의 깡패조직을 통해 정치폭력을 일삼았다.

쿠데타 세력은 자신들이 누구인지를 하루빨리 보여주어 민심을 안정시킬 필요가 있었다. 여기에 자기들이 무서운 존재임을 알리기 위해 강력한 방법을 사용했다. 쿠데타 일주일 만에 전국에서 범법자 2만 7,000여 명을 단속했는데, 이 가운데 깡패가 4,200명이었다. 우선 붙잡은 깡패들에게 이름표를 붙이고, 다음의 언론 보도처럼 서울 시내를 일주시킨다. 쿠데타 후 불과 5일 만의 일이었다.

    5월 21일 오후 2시경 서울 시내에서는 이색적인 깡패들의 행렬이 있었다. 동 행렬은 깡패 두목 이정재(李丁載)를 선두로 약 2백 명가량의 깡패들이 군경의 호위를 받으며 덕수궁을 출발, 줄을 지어 시내 중심가를 일주했는데, "나는 깡패입니다. 국민의 심판을 받겠습니다", "깡패 생활을 청산하고 바른 생활 하겠습니다", "우리의 젊은 몸과 마음을 국가에 헌신하겠습니다" 등의 플래카드를 든 이 깡패들은 가슴에다 '신희순(용강파)', '엄홍섭(개고기)', '김수웅(까게)',

1961년 5월 21일 오후, 정치깡패 이정재를 선두로 깡패들이 각자 이름을 붙이고 육군 공수특전단 대원들의 감시하에 서울 시내를 일주했다. 이정재와 임화수 등은 사형당했다. | 사진출처: 《한국일보》

'이의영(돼지)' 등의 이름표를 붙이고 있었다.

_《조선일보》 1961.5.22. 3면에서 발췌.

쿠데타 정권은 깡패 두목 이정재(李丁載)와 반공예술인단 단장 임화수(林和秀) 등을 붙잡아다 조리돌림을 시킨 후 각각 1961년 10월과 12월 사형을 집행했다. 깡패라며 깡패식으로 처단해버린 것이다. 요스음이라면 그들을 죽이기까지 했을까? 수틀리면 숙여버리는 박정희식의 통치방식을 알리는 서막이었다.

"칼로 흥한 자 칼로 망하리라." 예수님의 말씀대로 18년 후 박정희도 죽임을 당했다. 박정희를 계승한 전두환 역시 5·18항쟁 때 많은 사람을 학살하고, 사회악 일소라는 명분으로 이른바 '삼청교육대'를 조직하여 무자비하게 인권 탄압을 자행한 것은 닮아도 너무도 빼닮았다.

5·16쿠데타 직후 나도 이 사회기강 확립 행사(?)에 두 차례 걸려, 결국 정학 처분을 받았다. 1942년생인 나는 만 19세로 당시에는 법률상 '미성년자'였다. 하루는 담배를 피우며 종로5가 파출소 앞을 지나다 붙잡혔다가 학생증을 제시하자 일장 훈시만 받고 풀려난 적이 있었다.

그러나 얼마 후에는 제대로 걸렸다. 선배들을 졸졸 따라가 명동으로 가서 막걸리를 진탕 마신 것까지는 좋았으나 술 마시면 으레 담배 피우기 마련, '미성년자 음주·흡연 금지'에 걸려 그만 학교에 통보되고 만 것이다. 그래서 학생과장 차주환 교수로부터 일장 훈시를 듣고 1개월인가 유기정학 처분을 받았다. 호랑이 담배 먹던 시절의 웃기는 이야기이다. 그러나 그때는 새끼 호랑이도 술 먹고 담배 피우면 야단맞고 벌 받던 시절이었다.

조병옥 박사 사망을 접하고 내가 펑펑 울었던 것이 불과 1년 하고 몇 달 전 일이었는데, 군인들이 민간정부를 무너뜨리고 온 천지를 활개 치고 다니는 마당에 술 퍼먹고 다니다가 붙잡혀 정학까지 당했으니 이게 어찌 된 일인가? 그것은 '학생 정치', 정확히 말해 학생회장 선거 때문이었다.

'4·19 1주년 기념 침묵시위'를 계기로 만난 경기고 선배인 김덕창과는 그 후 실과 바늘처럼 친하게 지내는 사이가 되었다. 당시 문리대 학생회 상임위원장이던 김덕창은 얼마 후 문리대 학생회장 선거에 입후보하자 나는 선거 참모로 나서게 된다. 이렇게 되자 두 부류로부터 미움의 눈초리를 받았다. 한 부류는 경쟁 상대였던 다른 고등학교 출신들이었고, 또 다른 사람들은 경기고등학교 선배들이었다.

당시 문리대 학생회장 선거는 서울대학교에 입학생을 많이 내는 경기고·서울고·경복고, 이 세 고등학교 출신 간의 싸움이었다. 문리대 과(科)별·학년별로 대의원을 선출하고 대의원들이 투표로 학생회장을 뽑는 간접선거 방식으로 진행되어, 기성 정치판 뺨칠 정도로 선거 운동이 격렬했다.

1학년생임에도 김덕창의 선거 참모로 활동하자, 나는 당시 최대 경쟁 상대였던 서울고등학교 출신들의 눈엣가시로 등장했다. 사실 나는 고등학교 재학 중 학생 간부를 지낸 적도, 학급 반장을 해본 적도, 주먹으로 이름을 날린 적도 없는, 공부는 좀 하지만 지극히 평범한 학생이었다. 그런 내가 선거 운동한다며 설쳐대니 꽤 아니꼬웠던 모양이다.

서울고 출신으로, 고등학교 시절 경기고 출신을 때려눕히기로 소문난 친구가 있었다. 믿거나 말거나지만, 그가 문리대 철학과에 들어온 것이 '점잖아지기 위해서'였다는 소문이 돌고 있었다. 그런 그가 어느 날 나를 보더니, 문리대 신문 《새세대》 뒤편으로 가자는 것이었다. 나는 각오를 단단히 하고 따라갔더니 대뜸 "야, 너 너무하는 거 아냐?" 하는 것이었다. 이름도 없는 놈이 왜 까불고 다니느냐는 투였다.

그래서 내가 "너, 내가 고등학교 때 이름도 없는 존재였다고 깔보는 것 같은데, 지금은 나름대로 경기고를 대표하고 있으니 서로 존중하자"라고 말하니, 씩 웃으며 내 어깨를 툭 치더니 "그래, 그렇게 하자"고 하며 악수를 청했다. 그가 이수윤(李壽允, 철학과 61)이다. 이후 우리 둘은 졸업할 때까지 서로를 존중하며 사이좋게 지냈다. 유치했던 시절의 이야기 한 토막이다.

나에게 달갑지 않은 시선을 보냈던 또 다른 부류는 경기고등학교 선배들이었다. 김덕창은 1959년 3수 끝에 문리대에 입학했다. 경기고로 치면 53회 졸업생으로 57회인 나보다 4년 선배였고, 학생회장에는 1959년 경기고를 졸업하고 정상적으로 입학한 55회 출신이 나서야 할 차례였다. 그러니 3수생 김덕창이 학생회장에 나서자 선배러서 함부로 대들 수도 없고 하여 신입생인 나에게 공격의 화살을 퍼부은 것이다.

이때 학생회장 선거는 빅 3 이외의 고등학교 출신들과 소위 '바터'를 걸어 학생회장에 당선되면 상임위원장을 맡기로 하는 등, 있을 것은 다 있는 선거였다. 심지어 폭력배까지 동원된 선거에서 마침내 김덕창이 문리대 학생회장에 당선되었다.

문리대생 김승옥(金承鈺)

나는 1961년 문리대에 발을 들여놓자마자 신입생 오리엔테이션, 신입생 환영회, 4·19 1주년 침묵시위 등 행사를 정신없이 쫓아다녔고, 신입생 주제에 학생회장 선거까지 관여하는 등 분수에 넘치는 행동을 하고 있었다. 그러다 얼마 안 가 5·16쿠데타가 덜컥 일어났다. 앞서 말한 것처럼 쿠데타가 일어났을 때 내가 무엇을 하고 있었는지에 대한 기억이 전혀 없다.

다만 쿠데타 후 다소 차분해진 기억이 난다. 그리고 문리대생들과 본격적으로 어울리기 시작했는데 동기생들보다는 김덕창(金德昌, 중문 59), 오택섭(吳澤燮, 외교 59), 마종훈(馬鍾壎, 국문 59) 등과 같은 선배 그룹을 따라다니며 세상사를 배워나갔다. 그때 아주 독특한 인물과 마주치게 되는데 그가 불문학과 60학번 김승옥이었다.

당시 문리대에는 후일 한국 예술계를 짊어질 재목들이 캠퍼스를 누비고 있었다. 소설가 김승옥 이외에도 영화감독으로 이름을 날리다 요절한 하길종(河吉鍾, 불문 59), 저항 시인으로 이름을 날린 김지하(金芝河, 미학 59), 소설가 박태순(朴泰洵, 영문 60), 이청준(李淸俊, 독문 60), 시인 김광규(金光圭, 독문 60), 문학평론가 김현(金炫, 불문 60), 김치수(金治洙, 불문 60), 염무웅(廉武雄, 독문 60), 김주연(金柱演, 독문 60) 등등이 그들이다.

이들은 나와 비슷한 또래인 1·2년 선배로 자주 마주쳤고, 특히 김승옥을 형이라고 부르며 친하게 지냈다. 그는 동생에 대한 애정이 지극하여 문리대 입학생이 고등학교 때 썼던 공책을 얻어 동생인 김상옥(金尙鈺, 서울대 법대 66)에게 수험 준비용으로 보내주기까지 했다. 나도 그가 부탁하여 고등학교 3학년 때 작성했던 '생물(生物)' 노트를 건네주었고 그 노트를 지금도 간직하고 있다는 이야기를 동생 김상옥에게 들었다.

60년 이상이 훌쩍 지난 지금, 그때 내가 어떤 계기로 김승옥과 친하게 되었는지에 대한 정확한 기억은 없다. 그것은 아마도 "검은색으로 물들인 군복과 뒷굽이 45도로 닳아버린 찌그렁 군화를 착용하면서 가을 낙엽 우수수 떨어지는 교정의 벤치 위에서 잠도 청해야 했던" 그의 차림새와 생활방식이 서울 출신인 나에게 생소했기 때문일 수도 있다.

그는 그림도 잘 그렸다. 내가 김승옥과 자주 만나 대화를 할 때, 그는 문리대 신문 《새세대》 기자로 김이구(金二九)라는 필명으로 삽화와 만화를 그리기도 했다. 그리고 《새세대》 사무실에서 밥을 지어 먹으며 자취 생활을 하고 있었다. 이때 그곳에 자주 들러 함께 대화를 나누던 기억은 지금도 생생하다.

세월은 사람의 모습을 바꾸어놓기 마련이다. 김승옥은 1962년 단편 「생명연습」으로 신춘문예에 당선되어 소설가로 등단하더니 1964년 「무진기행」 등을 발표하여 주목을 받았고, 1965년 「서울, 1964년 겨울」로 제10회 동인문학상을 수상하여 1960년대 문학을 대표하는 작가로 인정받았다. 그리고 1976년 발표한 「서울의 달빛 0章」으로 제1회 이상문학상을 수상했다.

김승옥이 소설가로 유명해지기 시작했던 1964년, 내가 '굴욕적' 한일회담 반대운동에 뛰어들어 활동을 시작하자 그와의 직접 만남이 끊어지게 된다. 그 후 그를 다시 만난 것은 1967년 그가 쓴 「무진기행」의 내용을 영화화한 〈안개〉의 주제가를 통해서였다. 김승옥 각본

1965년경의 김승옥(불문 60)과 김승옥의 「무진기행」을 소재로 1967년 제작된 영화 〈안개〉의 포스터 | 출처: 위클리서울

에 김수용 감독, 신성일·윤정희 주연의 영화 주제가의 제목 역시 〈안개〉였는데 정훈희가 불러 문자 그대로 공전의 히트곡이 되었다. 다음과 같은 노랫말 속에서 나는 김승옥을 다시 만나 옛 모습을 떠올리곤 한 것이다.

> 나 홀로 걸어가는 안개만이 자욱한 이 거리
> 그 언젠가 다정했던 그대의 그림자 하나
>
> 생각하면 무엇하나 지나간 추억
> 그래도 애타게 그리는 마음
> 아~아~아~아~ 아~아~ 아~아~아
> 그 사람은 어디에 갔을까
> 안개 속에 외로이 하염없이 나는 간다

돌아서면 가로막는 낮은 목소리
바람이여 안개를 걷어가 다오
아~아~아~아~ 아~아~ 아~아~아
그 사람은 어디에 갔을까
안개 속에 눈을 떠라 눈물을 감추어라

그런데 이 노래의 작사가가 김승옥이 아닌 다른 사람으로 되어 있다. 김승옥 자신이 각본까지 쓴 영화의 주제가 가사를 다른 사람이 썼다니 뭔가 이상하지 않은가? 이런 의문에 해답을 준 사람은 당시 김승옥의 집에서 얹혀살던 동생 김상옥이었다. 우선 동생 이야기부터 들어보기로 하자.

이 노래는 작사를 먼저 하고 곡을 만든 것이 아니라, 이봉조(李鳳祚)가 곡을 먼저 만들고 거기에 맞춰 가사를 지은 것이었다고 김상옥은 증언하고 있다. 어느 날 집에 돌아왔더니 형 김승옥이 녹음된 색소폰 연주를 들으며 뭔가 작사하고 있는 것을 목격했다. 뭐냐고 물으니 영화 〈안개〉의 주제가를 이봉조의 주제곡에 맞춰 작사하는 중이라고 했다는 것이다.

그렇다면 왜 작사가가 김승옥이 아닌 다른 사람으로 되어 있을까? 동생의 증언을 계속 들어보자.

김승옥은 동인문학상을 수상하는 등 작가로서 명성은 얻었지만, 소설 특히 단편소설로서는 생활이 되지 않자 영화 각본을 쓰기 시작했다. 이것은 창작을 생명으로 하는 소설가에게는 여간 자존심이 상하는 일이 아닐 수 없었다. 이런 심정에서 이미 작곡된 곡에 맞춰 작사하고 나서, 작사가가 누구로 되어 있는지에 대해서는 신경을 쓰지 않았다는 것이다.

2022년 8월 8일 저녁, 나는 동생의 주선으로 스마트폰을 통해 김승옥과 얼굴을 마주할 수 있었다. 몇 년 전 지하철에서 만나 표정으로만 인사를 나눈 후 처음이었다. 서로 얼굴을 보며 반갑게 미소는 나누었지만 대화를 할 수는 없었다. 2003년 1월 당한 뇌졸중 후유증으로 의사 표현이 자유롭지 못했기 때문이었다.

아, 옛날이여!

문리대 정치학과

다음은 현승일(玄勝一, 정치 61)이 문리대와 정치학과를 회고한 글이다. 짧은 글이지만 당시의 모습이 생생하게 녹아 있어 소개한다.

내가 경험한 1960년대의 문리대 학창 시절을 회고컨대, 다른 학과는 잘 모르겠으나 정치학과 학생은 논(論)하고 마시는 것이 학풍이었다. 주로 동급생끼리거나 1년 차이 선후배들 사이에서 학풍이 실천되었다. 이데올로기, 국제정세, 통일 등 뭐든 정치와 관련된 일이면 마구 논했다. 말랑말랑한 머리에 쓸어 담은 조각 지식을 서로 경쟁하듯이 끄집어내서 토론을 벌였다. 교실과 도서관 가는 시간

이외에는 교정 벤치에서나 길 건너 학림(鶴林)다방에 모여 앉아서 논쟁을 벌였다.

하숙비가 올라오거나 가정교사 월급이라도 받은 날이면 주점으로 몰려갔다. 우리의 단골 주점은 학교 부근 길모퉁이의 담벼락에 붙어 있는 '쌍과부집'이었다. 과부 자매가 종업원도 없이 장사하는 집인데 술은 막걸리, 안주는 콩나물무침이 다였다. 콩나물에는 밥알이나 담뱃재가 섞여 나오는 일이 일쑤였으나 그래도 술값이 쌌고 돈이 모자라면 외상을 달아주었기 때문에 우리에겐 인기였다.

막걸리를 마시면서도 '고담준론(高談峻論)'은 계속되었고, '논(論)'에 싫증이 나면 '인디아', '동백꽃' 같은 유행가를 불러제끼며 과붓집 술독이 빌 때까지 통음(痛飮)을 했다. 정치학과 시절 우리는 논하고 마시는 것 이외는 관심도 없었고, 그만큼 세상 물정에도 어두웠다. 관심 분야에서는 똑똑했으나 비관심 분야에 대해서는 백치들이었다. 그러나 단순하고 탐구적인 정치학과의 학풍 가운데서 우리는 자부심과 낭만을 누렸다.

동숭동 교정의 황갈색 타일 건물들, 키 큰 교목(喬木)들, 향기 짙은 라일락과 흐드러진 개나리, 뒤편의 넓은 운동장. 문리대 캠퍼스는 진정 아름답고 편안했다. 교문과 대학가(大學街) 사이에는 다리가 놓여 있었고 하루에도 여러 번 이 다리를 밟고 학교로 들락거렸다. 다리 밑으로는 대학가를 따라 흐르는 도랑물이 있었는데, 위쪽에 있는 염색공장에서 폐수를 내보내 물은 빨간색이 되었다가 파란색이 되었다가 수시로 색깔이 바뀌면서 악취를 풍겼다. 그래도 문리대생들은 캠퍼스를 사랑한 나머지 수채 같은 도랑물을 '센(Seine) 강(江)'이라고 불렀다.

교수님들은 그야말로 기라성(綺羅星)이었다. 고등학생 때 우리가 사용하던 교과서들의 저자 또는 감수자로서 이름만 알고 있었던 학자들이 거의 다 문리대 교수였다. 어느 교수님이 어떤 분이신가 궁금하기도 하여 영문학과·역사학과·철학과 등 타 학과의 강좌였지만 그분들의 강의를 여럿 수강했다. 명불허전(名不虛傳)이었다.

유명 교수일수록 내용이 더 충실하고 알아듣기가 쉬웠다. 정치학과 교수가 담당하는 정치학에서는 서양 정치사상사와 서양 정치사를 원로 교수님들이 담당하여 민주주의 발달의 정신적·현실적 궤적을 학생들에게 숙지시켰다. 동양 정치사상이나 동양 정치사 같은 것은 아예 거들떠보지도 않았다. 귀감 될 것이 없다는 취지였을 것이다. 현대 정치학 이론에서는 국가다원론(國家多元論)을 중점적으로 강의했다. 국가다원론은 국가와 정부는 별개이며 정부는 국민으로부터 수임받은 일정한 기능을 수행하는 국가 내의 하나의 기관일 뿐이라는 선진 민주주의 이론이다. 민주주의가 가장 발달한 영국이나 프랑스에서 통용되는 이론이었다. 민주주의가 발달한 나라일수록 선진국이었고 선진국일수록 민주주의 이론이 더 앞서 있었다.

당시 한국은 5·16 군사쿠데타 직후로서 전체주의적인 환경이었다. 정보부 프락치들과 정보계 형사들이 문리대에도 쫙 깔려서 교수와 학생의 동태를 감찰하는 것이 일상이었다. 그럼에도 불구하

정치학과 민병태(閔丙台, 1913~1977) 교수(왼쪽)와
김영국(金榮國, 1930~2000) 교수

고 정치학과 교수님들은 시치미 딱 떼고 민주주의의 역사와 사상 및 이론을 중점적으로 가르쳤다. 정치학과에서는 정치학 외에도 정치학도로서 알아야 할 광범위한 분야를 필수과목으로 지정해두고 있었다. 헌법, 행정학, 행정법, 민법, 형사소송법, 경제원론, 국제경제론 등 주로 법률과 경제에 관련한 과목들이었다.

교과과정을 이렇게 짠 것은 한국 정치학계의 태두이신 민병태(閔丙台) 교수님의 의도에 따른 것이라 생각된다. 민 교수님은 현실에서 군사독재가 출현했다 하더라도 사회의 발전 방향은 민주화이며, 자신의 제자들이 장차 세상에서 일할 때 민주주의를 실천하도록 민주주의 교육을 철저히 시킨 것이다. 이와 함께 정치학과 학생들에게 법률과 경제를 많이 가르친 것은 제자들이 원리적(原理的)인 정치학에만 머물지 말고 현실에 발을 딛고 살 수 있는 사실적(事實的)인 소양을 가지도록 하려는 배려였을 것이다. 정치학과가 편제상으로 정치학과와 외교학과로 분리되어 외교론, 국제기구론, 국제법 등 국제정치학 분야의 강좌들이 외교학과에 속하게 되었지만 원래 이들 강좌는 정치학의 일부로서 여전히 정치학과 학생들의 관심 대상이었다.

정치학과 교수들은 학생들의 언론과 자유의지에 대해 전혀 간섭하지 않았다. 학생들이 무엇을 떠들고 무슨 행동을 하든 성장 과정의 수련으로 포용했다. 그러나 이들은 외부의 압력으로부터 학생들을 보호하는 일에는 단호했다. 우리 학생들은 교문 밖에야 군사독재의 잿빛 안개가 끼어 있었을지언정 교내에서 자유를 만끽했다. 서울대 문리대가 어떤 곳인지, 정치학과가 뭘 하는 곳인지도 모르고 들어왔었는데 와 놓고 보니 진정 근사한 대학이었다. '대학의 대학'이라는 말이 조금도 틀리지 않았다.

_현승일, 「급래(急來) 사형(舍兄)」, 『현소환 평전』, 기파랑, 2021, 407~409쪽에서 발췌.

문리대 여학생

당시 대학로 동숭동 쪽으로는 문리대와 법대가, 그리고 건너편 연건동 쪽에는 의대와 미술대가 있었다. 문리대에는 어문학 계통 학과, 사학과, 외교학과 등에 여학생들이 있어서 제법 남녀공학 분위기가 났지만, 당시 법대에 여학생이라고는 달랑 한 명 있었던 것으로 기억한다. 그래서인지 법대생들은 문리대의 분위기를 부러워했다.

1961년 초여름, 당시 서울대학에 가장 많은 입학생을 내는 경기고와 경기여고 출신 문리대생들이 신입생을 중심으로 합동 야유회를 갔

지금은 초라해 보이지만 당시 문리대 여학생들의 유일한 보금자리였던 여학생회관|사진제공: 김도현(정치 61)

다. 태릉으로 갔던 것 같은데, 거기서 어떻게 시간을 보냈는지에 대한 기억은 없다. 이는 다른 고등학교 출신들을 무시한 실로 유치찬란한 행위여서, 이화여고 출신 여학생들이 몹시 삐쳐 학생회장 선거 때 경기고 라이벌이었던 서울고 출신 후보를 지지하기도 했다.

경기고·경기여고 출신 문리대생 합동 야유회(태릉). 앞줄 왼쪽부터 전성자(불문 61), 박영혜(불문 61), 김덕창(중문 59), 송철원(정치학 61), 뒤쪽에 양산을 쓴 이오연(영문 61).

3. 1961년의 문리대

1961년 신입생(정치학과)

아래 사진은 학교에서 신입생 명단과 함께 배부해준 1961년 문리대 정치학과 신입생들이다. 그리고 다음은 사진 윗줄부터 오른쪽으로 열 명씩 작성한 명단이다(괄호 안은 출신 고등학교).

맨 윗줄

강황석(姜晃釋, 서울고), 고성광(高成光, 경복고), 권근술(權根述, 경남고),
김문원(金文元, 중앙고), 김중태(金重泰, 경북고), 김유진(金柳辰, 경북고),
김형길(金炯吉, 서울사대부고), 김승(金勝, 부산고), 김용구(金容九, 천안공고),
김도현(金道鉉, 서울사대부고)

위에서 두 번째 줄

김학준(金學俊, 제물포고), 김영일(金榮逸, 제물포고), 김정남(金正男, 대전고),
김현철(金顯哲, 경기고), 박세웅(朴世雄, 용산고), 박의일(朴毅一, 서울고),
배한룡(裵漢龍, 대전고), 성철수(成澈洙, 경북고), 손정박(孫正博, 경기고),
송철원(宋哲元, 경기고)

위에서 세 번째 줄

송진혁(宋鎭赫, 경북고), 송업교(宋業敎, 광주일고), 심경보(沈景輔, 경기고),
안석주(安錫柱, 휘문고), 오영일(吳榮一, 경기공고), 이병대(李炳大, 안동고),
이근상(李根祥, 대전고), 이찬용(李燦鎔, 경복고), 이부영(李富榮, 용산고),
이준일(李俊一, 경기고)

위에서 네 번째 줄

유종렬(劉鐘烈, 배재고), 정일화(鄭逸和, 진주고), 정연하(鄭然賀, 중앙고),
정순주(鄭淳柱, 대전고), 조준희(趙俊熙, 경동고), 조경일(趙慶日, 경복고),
최동우(崔東佑, 부산고), 최무수(崔武秀, 한영고), 최민규(崔敏奎, 부산고),
최환(崔桓, 전주고)

맨 아랫줄

허준(許準, 부산고), 현승일(玄勝一, 경북고)

후일 성철수(成澈洙)는 성래진(成來振)으로, 다시 성유보(成裕普)로 개명했다.

1961년 공납금

1961년 서울대학교 등록금이 얼마였는지를 김도현(金道鉉, 정치 61)이 보관하고 있는 영수증을 통해 알아보자. 다음은 영수증에 나타난 1961년 2학기 등록금 내역이다.

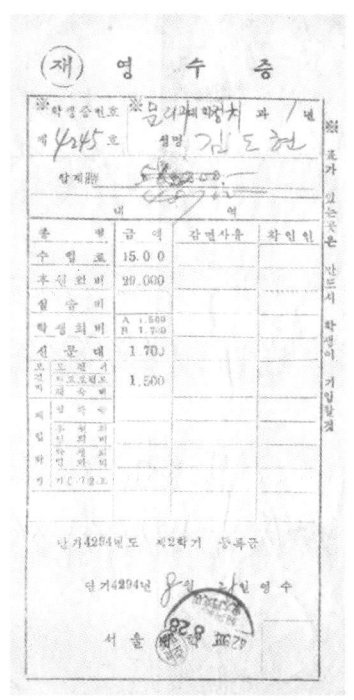

수업료 15,000환

후원회비 29,000환

학생회비 1,500환(A)

신문대 1,700환

보건비 1,500환

합계 48,700환

1961년 2학기 등록금 영수증

1961년의 화폐단위가 '환(圜)'이었던 것이, 1962년 6월 10일 박정희 군사정권에 의해 화폐개혁이 단행되어 '원(圓)'으로 변경(10환→1원)되었다. 그러니 1961년의 등록금을 '원'으로 환산하면 4,870원이다. 이 금액은 사립대학의 등록금에 비하면 아주 싼 편이었지만, 째지게 가난했던 시절이라 정치학과 동기 김정남(金正男)에게는 만만치 않았던 모양이다.

> 사실 나는 등록금을 마련하지 못해 4월이 훨씬 지나서 서울로 올라왔어요. 내 딴에는 등록금을 만든다고 고심을 했어요. 신문에 보니 삼일장학회라는 곳에서 주관하는 시험이 있는데 거기 합격한 대학 신입생에게 4년 내내 장학금을 준다는 거예요. 그 시험 장소가 부산이어서 부산까지 가서 장학생 시험을 쳤는데 떨어졌어요. 등록금을 못 내니 대학은 못 다니나 보다 하고 있었는데 우리 집에서 빚을 내 등록금을 냈는데 왜 안 가냐고 해서 뒤늦게 서울에 올라왔지요. 4월 20일쯤 됐을 겁니다. 그리고 얼마 안 돼서 5·16쿠데타가 일어났습니다.
>
> _김정남·한인섭, 『그곳에 늘 그가 있었다』, 창비, 2020, 27쪽.

신입생 오리엔테이션(4월 14·15일)

1961년 내가 문리대에 입학할 당시, 4월에 제1학기가 시작되었다.

4월 1일이 토요일이었으니 월요일인 4월 3일부터 등교했고, 등교한 지 한 달 13일이 지나 박정희의 5·16쿠데타가 일어났다.

앞으로 무슨 일이 벌어질지 알 리가 없었던 나는 자랑스럽게 동숭동 교문을 들어섰고, 얼마 되지 않아 각종 행사가 신입생인 나를 기다리고 있었다.

내가 처음 마주친 행사는 신입생 오리엔테이션으로, 4월 14일 오후 2시와 4월 15일 오전 10시 두 차례에 걸쳐 문리대 강당에서 열렸다. 다음은 초대장에 실린 문리대 학생회장의 '초대의 말씀'이다.

> 진리의 총체(總體)를 사랑하고 이것을 실현시키는 대학은 이제 새로운 주인공 – 당신들을 맞이했다.
>
> 종래의 대한민국 대학사는 무지한 파시스트의 농단 하에 숨 막혀 왔었고 학우들의 꽃다운 목숨에도 불구하고 현 순간에도 헬멧과 곤봉의 그림자가 우리를 격분케 하고 있다.
>
> 우리는 절규해야만 하겠다. 쇼비니스틱한 권위 사상이나 뼛속까지 이기심으로 취하게 만들려는 일체의 비진리를 폭로해야만 하겠다. 대학엔 여하한 Taboo도 있을 수 없으며 있어서도 안 된다.
>
> 우리의 발언은 선배의 권위로서 행해지는 것이 아니고 오직 사적(史的)인 인식을 다 같이 검토할 기회를 갖고 싶음에서 행해지는 것이다.
>
> 무한한 가능성! 이것이 당신들의 전부다. 당신들은 진리의 상봉(上峯)으로 당신들의 가능성을 비약시키고 싶지 않은가!

招待의 말씀
　　　　　　貴下

眞理의 擡体를 사랑하고 이것을 具現시키는 大學은
이제 새로운 主人公─ 당신들을 맞이했다.

旣存의 大韓民國 大學史의 無知한 파시스트의 농단下에
함마쳐 왔었고 學友들의 꽃다운 목숨에도 不拘하고
現瞬間에도 「헬메트」와 「곤봉」의 그림자가 우리를
激憤케 하고있다.

우리는 超脫해야만 하겠다. 소비니스트한 權威思想이나
때순까지 체인으로 髒하게 만드려는 一切의 非
眞理를 克服해야만 하겠다. 大學에 如何한 Taboo
도 있을수 없으며 있어서도 안된다.

우리의 發言은 先輩의 權威밑에서 行해지는 것이 아니고
오히 史的인 氣槪를 다같이 燒肉할 藏金을 갖고 싶
음에서 行해지는 것이다.

無限한 可能性! 이것이 당신들의 손에나 당신들을
저 眞理의 「上峰」으로 당신들의 可能性을 飛躍시키고
싶지 않은가!

　　　　　　── 學生會長 白 ──

新入生 Orientation
무엇을 어떻게 할것인가?

日時　四月十四日 午后二時
　　　四月十五日 午前十時

場所　서울大學校 大講堂

主催　文理科大學　學生會
主管　文理大新進會. 后進社會硏究會
後援　大學新聞社. 새세대社. The Academy Tribune

무엇을 할것인가?
　　　　　14日 下午 2時

一. 學生會長 人事　盧興權
一. 主管側 人事　新進會 柳根一

1. 大學의 精神　朴雄熙 (新進會)
2. 大學의 現實　李榮一 (后社硏)
3. 大學과 學生運動　柳世熙 (新進會)
4. 女大生의 位置　趙正知 (史四)

어떻게 할것인가?
　　　　　15日 上午 十時

一. 主管側 人事　后進社會硏究会 金敎殷

1. 哲　學　鄭相烈 (哲四)
2. 史　學　金相立 (史三)
3. 社會學　康吉正 (社四)
4. 政治經濟學　金正冏 (政三)

문리대에 입학 후 내가 마주친 첫 행사는 신입생 오리엔테이션이었다. '오리엔테이션'이란 '신입생이나 신입 사원 등 새로운 환경에 놓인 사람들에 대한 환경 적응을 위한 교육'을 뜻하는 말로, 대학에서 신입생 오리엔테이션이 열린 것은 1961년 문리대의 이 행사가 최초였다고 한다. 이 자료를 포함해 앞으로 나올 몇몇 자료는 정치학과 동기 김도현이 제공한 것으로, 세월의 때가 묻어 있다.

이 행사는 문리과대학 학생회가 주최하고, 문리대 신진회와 후진사회연구회 주관으로 진행되었고, 《대학신문》, 문리대의 《새세대》와 문리대 영자지(英字紙) 《The Academy Tribune》이 후원했다. 1961년 4월 14일 오후 2시부터는 신진회 주관으로 '무엇을 할 것인가?', 4월 15일 오전 10시부터는 후진사회연구회 주관으로 '어떻게 할 것인가?'를 주제로 선배 학생들의 강연이 있었다. 강연 내용은 다음과 같다.

무엇을 할 것인가?

학생회장 인사	노흥권(盧興權)
주관 측 인사	신진회 류근일(柳根一)

1. 대학의 정신	박종열(朴鍾悅, 신진회)
2. 대학의 현실	이영일(李榮一, 후사연)
3. 대학과 학생운동	류세희(柳世熙, 신진회)
4. 여대생의 위치	조정화(趙正和, 史4)

어떻게 할 것인가?

주관 측 인사	후진사회연구회 김교은(金教殷)

1. 철학	정상렬(鄭相烈, 哲4)
2. 사학	김상립(金相立, 史3)

3. 사회학   염길정(廉吉正, 社4)
4. 정치경제학   김정강(金正剛, 政3)

'무엇을 할 것인가'를 주제로 한 행사를 주관한 신진회(新進會)와 '어떻게 할 것인가' 행사를 주관한 후진사회연구회(後進社會硏究會)는 당시 문리대의 이념서클이었다.

신진회는 1956년 말 정치학과 학생들이 결성한 이념서클로 지도교수는 정치학과 민병태 교수였고 신규 회원 가입에는 회원 5명의 추천이 필요했다. 초기 주요 회원은 김지주(정치 53), 하대돈(정치 53), 유한열(정치 54), 이자헌(정치 54), 최서영(정치 54), 최영철(정치 54), 이문규(정치 55), 김형열(정치 55), 류근일(정치 55), 서정균(정치 55), 고건(정치 56) 등이었다.

독서와 발표를 중심으로 운영된 신진회는 정기 토론회와 진보적 인사를 초청해 강연회를 개최하기도 했다. 그러나 1957년 12월 14일의 '류근일 필화 사건'과 그 직후에 있었던 '문리대 불온 벽보 사건' 등으로 회원들이 경찰 조사를 받게 되어 활동이 위축되다가 1958년 1월 말 공식 해산했다. 그 후 4·19혁명으로 이승만 정권이 물러나자 재건되었다.

문리대 이념서클에는 1956년 사회학과 학생들이 만든 농촌사회연구회도 있었다. 이 서클은 1958년 이후 비공개로 활동을 하다가 4·19혁명 이후 생긴 후진사회연구회에 통합되었다.

신입생 환영회(4월 15일)

4월 15일에는 오후 1시부터 신입생 환영회가 문리대 강당에서 열렸다.

정남(외교 58) 선배가 사회를 보았고, 노홍권 문리대 학생회장이 인사말을, 심사위원장이 노래자랑과 장기자랑에 대한 심사 원칙을 설명했다. 당시 유명했던 김광수 악단이 연주와 반주를 맡았고, 이춘희·한명자·이금희 등 가수가 등장하여 히트곡을 번갈아 불렀다.

세 파트로 나누어 진행된 신입생 노래자랑대회에는 엄무웅(엄준걸로 개명, 외교)을 비롯하여 박민호(수학), 권오진(의예), 도용제(중문), 최호(국문), 조태훈(종교), 이성부(미학) 등 신입생이 출전하여 열띤 경쟁을 벌였고, 노홍권 학생회장도 노래 한 곡을 불렀다. 노래자랑에

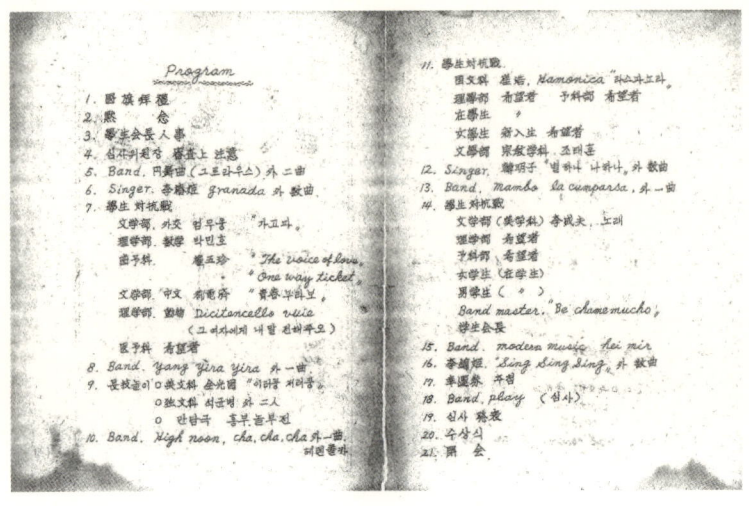

서 '가고파'를 불렀던 외교학과 엄준걸은 청계천4가에 있던 천일극장 부근 레코드 가게에 들러서 가게 주인에게 '가고파' 레코드를 틀어달라고 부탁해 노래 연습을 했다고 회상한다. 장기자랑에는 전광국(영문), 석균범(독문) 등이 출연했다.

재미 삼아 벌인 가수와 학생이 벌인 노래자랑이 무승부로 끝난 것 외에, 학생 노래자랑과 장기자랑의 결과가 어찌 되었는가에 대한 기억은 없다.

김광수 악단의 연주 장면으로 '참고' 사진이다. KBS 방송 전속 경음악단 단장을 지낸 김광수는 라틴 아메리카 타악기인 마라카스를 흔들며 지휘하는 모습이 일품이었다. |사진 출처: m.cafe.daum.net

4·19 1주년 기념 대강연회(4월 21~23일)

4·19혁명 1주년을 기념하여 문리과대학 학생회가 주최하고, 문리대 신문《새세대》가 주관하는 '문리대 대강연회'가 1961년 4월 21일부터 23일까지 사흘에 걸쳐 매일 오전 11시부터 열렸다. 다음은 이 행사를 주관한《새세대》편집인 마종훈(馬鍾壎, 국문 60)의 「주관자의 변(辯)」이라는 제목의 글이다.

　　4·19혁명을 치른 지 1주년을 맞이했습니다. 그러나 혁명을 완수했다고 하기에는 현실은 너무나도 많은 미해결점을 남기고 있습니다. '혁명의 주체자'라는 무거운 책임을 진 채 '권리 없는 주체자'로 화한 저희들은 저희들대로의 생각한 길을 전진하기에는 암담한 현실을 그대로 방임할 수가 없는 것입니다.

　　오늘 이 자리에서 여러 고명하신 선배님들을 모시고 보다 나은 앞날을 건설할 수 있는 자세를 갖추어야 될 것이라고 생각합니다.

　　한 사람의 입에서 나오는 말이 결코 진리라고는 단정할 수 없는 것입니다. 그러므로 우리는 각자가 이 문제에 대해서 숙고하고 비판해 봄으로써 암담한 이 현실을 타개해 나갈 길을 모색해야겠습니다.

　　끝으로 바쁘신 중에 이 자리에 나와주신 여러 연사(演士) 제(諸) 선생님께 감사드립니다.

主催者의 辭

四·一九革命을 치른지 1週年을 맞이 했읍니다. 그러나 革命은 完遂되었다고 하기에는 아직도 많은 課題들을 남기고 있읍니다. 「革命의 主體者」라는 무거운 責任을 안게 된 우리들은 무엇보다도 먼저 自體의 자질의 向上과 더불어 社會의 諸般 與件의 改善이 있어야 할 것이라고 생각합니다.

이에 우리들은 여러 高明하신 先輩諸位를 모시고 다시 한번 講演會를 갖음으로써 우리에게 참다운 생각하는 시간이 되고자 합니다.

(이하 판독불가)

四·一九 1週年紀念
文理大 大講演會

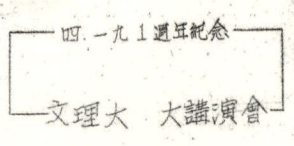

- 時 日 4294年 4月 21日(金), 22日(土), 23日(日) 3日間
  午前 11時부터
- 場 所 서울大學校 文理科大學 大講堂
- 主 催 서울大學校 文理科大學 學生會
- 主 唱 서울大學校 文理科大學 「새세대」社

順 序

4月 21日(土)
- 國民儀禮, (東敎授) 今日 壞裂되어서의 祝歌
- 慮戴昊 (서울大敎授) 殉國學徒들에게 四·一九 精神
- 李用熙 (政治大學院長) 四·一九 以後 韓國政治의 方向 摸索
- 金基錫 (建國大總長) 革命兒들의 犧牲의 意味
- 申一鐵 (東大敎授) 東學亂과 四·一九

4月 22日(金)
- 韓琓錫 (서울大敎授) 韓國의 現 社會構造와 四·一九
- 李在旻 (서울大敎授) 四·一九와 韓國社會 構造變革
- 成昌煥 (建大敎授) 四·一九의 經濟的 背景
- 閔丙台 (서울大敎授) 四·一九 前後의 韓國의 覺醒
- 咸 錫 (趣勢雜誌) 四·一九 一周年을 맞이하여 國民에게 告함

4月 23日(日)
- 韓太淵 (서울大敎授) 韓國政治史 中의 四·一九
- 朴 (國際關係研究) 作家가 본 그것
- 李鐘珍 (서울大敎授) 哲學者가 본 그것
- 安應烈 (國際出版報道) 記者가 본 그것
- 呂榮與 (評論家) 批評家가 본 그것

人事의 말씀

四·一九 勇士들! 安寧하십니까.

(이하 판독 곤란)

文理大 學生會長 盧 興 植

다음은 이 강연회의 날짜별 연사와 강연 내용이다.

4월 21일(금)

함석헌(咸錫憲, 종교가)　　　　　　금일 현실 속에서의 종교
최재희(崔載喜, 서울대 교수)　　　　한국 사상으로서의 4·19 정신
이용희(李用熙, 행정대학원장)　　　4·19 이후 한국 외교가 걸어온 길
김기석(金基錫, 단국대학장)　　　　혁명 완수의 정신적 기조
신일철(申一澈, 고대 교수)　　　　　동학란과 4·19

4월 22일(토)

유홍렬(柳洪烈, 서울대 교수)　　　　혁명사를 중심으로 본 4·19
이해영(李海英, 서울대 교수)　　　　4·19로 생성된 사회 제(諸) 현실
강문용(康文用, 성대 교수)　　　　　4·19와 정당정치
민병태(閔丙台, 서울대 교수)　　　　4·19 정신의 국제적 의의
안림(安霖, 연합신문 논설위원)　　　4·19, 1년간의 한국의 경제 상태

4월 23일(일)

한우근(韓㳓劤, 서울대 교수)　　　　한국 정치사 중의 4·19
선우휘(鮮于輝, 조선일보 논설위원)　작가가 본 오늘
이종진(李鍾珍, 서울대 교수)　　　　과학자가 본 오늘
이덕주(李德柱, 한국일보 기자)　　　기자가 본 오늘
이어령(李御寧, 평론가)　　　　　　평론가가 본 오늘

III
문리대 1962

1962년 5월 22일(화)부터 5월 26일(토)까지 제1회 학림제(學林祭)가 문리대에서 개최되어 다양한 행사를 벌였다. 사진은 5월 26일 오전 10시부터 문리대 외교학과의 외교학회 주관으로 대강당에서 개최된 '모의 UN 안전보장이사회' 장면으로, '인도의 고아 침공'을 의제로 주최 측인 문리대 외교학과 외에 조선대, 성대, 중대, 연세대, 고대, 숙대, 국민대, 경북대, 경희대, 동국대, 이대, 건대 등 여러 대학 대표가 참가했다. | 사진제공: 이삼열(철학 59)

1. 문리대와 술과 노래

기회주의와 '속물(俗物)'과 데카당스

기회주의란 '일관된 입장을 지니지 못하고 그때그때의 정세에 따라 이로운 쪽으로 행동하는 경향'을 말한다. 박정희의 5·16쿠데타가 이승만 정권 때 두 차례, 장면 정권 때 세 차례에 걸친 시행착오 끝에 성공했다는 것은 그때그때 눈치를 보아가며 명분과 목표를 바꾸는 기회주의의 극치를 보여준다. 그러니 박정희가 만든 대한민국은 기회주의 공화국이 될 수밖에 없었다.

기회주의는 단물을 찾아 화려한 날개를 퍼덕이는 나비의 이데올로기다. 사람들은 화려한 날개에 주목하지만, 날개를 움직이게 하는 힘은 단물이다. 다른 건 제쳐 놓더라도 '부정부패 척결'을 외치면서 거사했던 5·16쿠데타 주체세력이 얼마 가지 않아 부패세력으로 변질된 것은 바로 기회주의의 극치를 보여주는 것이었다. 박정희와 그 일행의 그런 기회주의는 그들이 조선조의 왕권(王權)보다 훨씬 더 강력한 권력을 행사하게 되면서 한국 사회 전반에 큰 영향을 미치게 되었다.

_강준만, 『한국 현대사 산책—1960년대편 1권』, 인물과사상사, 2020, 15쪽.

이러한 기회주의의 조류가 권력과 지식의 결합 현상을 일으켜 1961년 내가 발을 들여놓은 대학사회에도 크게 영향을 미치게 된다. 학생들로부터 존경을 받던 교수들 가운데 하나둘씩 기회주의의 단물을 찾아가는가 하면, 신입생 오리엔테이션을 통해 '무엇을 어떻게 할 것인가'라는 거창한 제목으로 우리에게 삶의 방향을 제시해주겠다던 선배들도 군사정권에 구속되어 쓴맛을 본 후에는 서서히 기회주의자로 변신해갔다.

세상이 이렇게 움직여가자 대학사회에 '속물(俗物)'이라는 말이 유행했다. 교양이 없거나 식견이 좁고 세속적인 일에만 신경을 쓰는 사람을 속되게 이르는 이 말은, 초기에는 박정희 군사정권에 지조를 판 지식인들을 지칭하다가 시간이 가며 경우에 어긋나는 행위를 하는 사람을 대상으로 널리 쓰이게까지 되었다.

박정희의 쿠데타가 가져온 시대 조류의 변화에 가장 큰 영향을 받은 것은, 문리대의 사회과학계열의 학과 특히 나 같은 정치학과 학생들이었다. 엄혹한 군사독재 아래서 '속물들'이 엉터리 논리로 이를 밑받침하는 마당에 민주주의 이론이 무슨 소용이 있으며, 계엄령 선포로 정치 활동이 전면 금지되는 상황에서 '정당론'을 공부하는 것이 무슨 의미가 있단 말인가?

나는 문득 정치학 공부가 싫어져 고등학교 때 크게 관심을 기울이던 독문학에 고개를 돌리기 시작했다. 독문학은 정치학과는 계열이 달라 부전공이 허용되지 않음에도 불구하고 독문학과 강의실에 수시로 드나들며 학점을 따기 시작했다. 이렇게 하여 1962년과 1963년 내가 취득한 독문학 관련 학점은 30학점에 가까웠다.

박정희의 군사통치는 또한 대학사회에 냉소적 분위기를 만연시켰다. 한마디로 '공부해서 뭐 하냐'는 분위기였다. 일종의 데카당스(décadence)적이랄까, 뭐 그 비슷한 풍조가 퍼져 시도 때도 없이 술 먹고 떠드는 일이 잦아졌다. 모든 고위 공직을 온통 군인들이 차지하고 언로(言路)가 꽉 막혀 숨통을 조이는 상황에서 어쩌면 그것만이 유일한 탈출구였을지도 모르겠다.

술 먹고 노래하다가, '인사 땡기기'

1962년 우리는 정말로 술을 많이 마셨다. 술이란 그냥 마시고 싶어 마시는 거니까 이유가 있을까마는 문리대에서 갑자기 닥친 변화에 심적 혼란과 갈등을 겪었다는 것이 나에게는 이유라면 이유였을 것이다. 철없던 시절, 술맛도 제대로 모른 채 퍼마셨으니 '시인 조지훈의 술꾼 18단계'에서 나는 어느 단계쯤이었을까? 초급인 '학주(學酒)' 정도에 도달하려고 애쓰는 중이었겠지. 친구 중에는 젊은 시절 이미 9단 즉 '폐주(廢酒)' 경지까지 도달해 열반해버린 놈들도 꽤 있었다.

단계	이름	내용	평가
9급	부주(不酒)	술을 아주 못 먹진 않으나 안 먹는 사람	술의 진경 진미를 모르는 사람. 부주 이하는 척주(斥酒) 반주당(反酒黨)
8급	외주(畏酒)	술을 마시긴 마시나 술을 겁내는 사람	
7급	민주(憫酒)	마실 줄도 알고 겁내지도 않으나 취하는 것을 민망하게 여기는 사람	
6급	은주(隱酒)	마실 줄도 알고 겁내지도 않고 취할 줄도 알지만 돈이 아쉬워서 혼자 숨어 마시는 사람	
5급	상주(商酒)	마실 줄 알고 좋아도 하면서 무슨 잇속이 있을 때만 술을 내는 사람	술의 진체(眞體)를 모르는 사람
4급	색주(色酒)	성생활을 위하여 술을 마시는 사람	
3급	수주(睡酒)	잠이 안와서 술을 마시는 사람	
2급	반주(飯酒)	밥맛을 돕기 위해서 마시는 사람	
초급	학주(學酒)	술의 진경(眞境)을 배우는 사람	주졸(酒卒)
초단	애주(愛酒)	술의 취미를 맛보는 사람	술의 진미·진경을 오달(悟達)한 사람
2단	기주(嗜酒)	술의 진미(眞味)에 반한 사람	
3단	탐주(耽酒)	술의 진경(眞境)을 체득한 사람	
4단	폭주(暴酒)	주도(酒道)를 수련하는 사람	
5단	장주(長酒)	주도(酒道) 삼매(三昧)에 든 사람	술의 진미를 체득하고 다시 한번 넘어서 임운자적(任運自適)하는 사람
6단	석주(惜酒)	술을 아끼고 인정을 아끼는 사람	
7단	낙주(樂酒)	마셔도 그만 안 마셔도 그만, 술과 더불어 유유자적(悠悠自適)하는 사람	
8단	관주(觀酒)	술을 보고 즐거워하되 이미 마실 수는 없는 사람	
9단	폐주(廢酒)	술로 말미암아 다른 술 세상으로 떠나게 된 사람	열반주(涅槃酒), 술의 명인(名人)

"당신은 주도(酒道) 몇 단? 시인 조지훈의 '술꾼' 18단계"라는 이 표는 1999년 11월 19일 자《동아일보》(D1)에 실린 것이다. 시인 조지훈이 1958년《신태양》3월호에 기고한 수필「주도유단(酒道有段)」을 표로 정리한 것이라 한다.

사람마다 평생 얼마만큼 술을 먹고 죽느냐 하는 것은 조물주가 날 때부터 그 '쿼터'를 정해놓은 것 같다. 김지하(미학과 59)는 젊은 시절에 '쿼터'를 죄다 써버린 탓에 막판에 한 방울도 마시지 못한 채 열반해버렸고, 정치학과 동기 김정남은 산에 물통 짊어지고 다닌 덕분인지 양주 한 병쯤은 두꺼비 파리 잡듯 꿀꺽하니 '쿼터'에 한계가 없는 것 같다. 그런가 하면 최동전(철학과 60)은 조물주로부터 '쿼터'를 별로 배당받지 못했는지 맥주 한 잔에도 얼굴이 시뻘게지고 야단법석하다 술 아닌 딴 이유로 열반해버렸다.

  술이 들어가면 으레 노래가 나오기 마련. 당시 술 시중 드는 작부(酌婦), 속칭 '매미'가 있는 경우도 있었지만 그건 돈이 너무 많이 들어 강 건너 불구경이었고, 보통은 여럿이 모여 젓가락 두드리며 유행가를 꽥꽥 불렀는데 십여 곡을 잇달아 부르는 프로도 있었다. 또한 각자 전문적으로(?) 부른 노래도 있었다. 이를테면 김호준(사회학과 61)의 주제가는 다음과 같았다.

    한 잔이 요렇게 열 잔이 되고
    열 잔이 열두 잔 술 술
    눈앞이 뱅글뱅글 돌으셨구려
    어여쁜 마누라를 납치했구려
    빈대떡 문전 앞에 통털어 바쳐서
    월급봉투 노랑 봉투 노랑 저고리
    마누라 앞에서 무릎을 꿇고
    그대의 처분만을 바라였건만
    웬걸, 홍두깨로 마빡을 까요

홍두깨로 마빡을 까요
마라푼타 키스나 멜로디!

대충 이렇게 기억하는데 아마 정확할 거다. 한국전쟁이 나던 아홉 살 때 배운 북쪽 노래도 정확히 기억하는 난데. 북쪽 노래에 관한 이야기는 후일로 미룬다.
정치학과 동기 김정남의 '십팔번'은 이러했다.

깔치 끼고 자는 놈 너만 잘났냐
베개 끼고 자는 놈 나도 잘났다
씽 씽 씽 젠틀맨이다
고등어 장수만 생선장수냐
금붕어 장수도 생선장수다
씽 씽 씽 젠틀맨이다.

또 우리는 '비공식' 문리대 교가도 곧잘 불렀다.

문리대 캠퍼스는
청춘 남녀들이
모여드는 오아시스.
노래하고 술 마시고
학점은 F 나와도

오늘만은 우리 세상.

랄랄랄랄 랄랄라 랄랄라라

날씬한 그대 허리, 그대 허리,

몽실몽실 젖가슴이, 젖가슴이

나를 울리네.

이런 것들보다도 훨씬 명곡(?)의 반열에 드는 것이 있는데 〈성불사의 밤〉 가사를 살짝 바꾼 다음과 같은 〈색불사(色佛寺)의 밤〉이란 노래다. 문리대 61학번이 즐겨 불렀던 것으로 불교와는 전혀 관계없으니 오해 없기 바란다.

색불사(色佛寺) 깊은 밤에

부처님 하품소리

주승은 오입 가고

개만 홀로 짖는구나.

저 개야 마저 잠들어

소문 없게 하여라.

4·19혁명 이후 급진적 민족주의가 중요한 흐름으로 등장하여 1961년 대학에 입학했을 때 반미적 분위기가 팽배해 있었다. 이런 분위기를 반영한 다음과 같은 노래를 곧잘 부르곤 했다. 이 노래는 이후 시대 조류의 변화에 따라 대학생들이 가사를 살짝 바꿔 부르게 된다.

바람이 분다 바람이 불어
태평양에서 불어온다
미국대사관에 불이 붙었다
잘 탄다 신난다
양키들은 카메라만 돌린다
불은 붙어도 물이 없어 못 끈다
라라랄라 랄랄라라
소방대들은 구경만 한다
잘 탄다 신난다
양키들은 카메라만 돌린다

1961년 입학 때는 처음 만나서 서먹서먹했지만 자주 만나서 함께 술잔을 기울이며 이런저런 노래를 함께 부르다 보니까 어느새 친해져서 '인사 땡기게' 되었다. 이게 뭐냐 하면 학번과 관계없이 반말하는 것이다. 김지하는 미술대학 미학과 59학번으로 미학과가 문리대로 넘어와 '인사 땡기게' 되었고, 철학과 60학번 최동전·최혜성, 지리학과 60학번 박재일, 정치학과 60학번 이문승 등등 우리 61학번을 기준으로 모두와 '인사 땡겼다.'

'인사 땡기기'의 원조는 단연 정치학과 동기 김정남이고, 우리는 그가 세운 원칙(?)을 충실히 따랐을 뿐이었다. 이처럼 우리 61학번을 중심으로 몇 년 선배들과 반말하며 지내게 된 것은, 정치학과 61학번에 재수·삼수생이 꽤 있기 때문이었다. 함께 술을 마시다가 보면,

우리는 그 재수·삼수생과 동기니까 당연히 반말한다. 그런데 그 재수·삼수생은 자기 고교 동기이지만 우리에겐 선배가 되는 사람과 반말하니, 동석하면 여러 가지로 불편해지자 모두 '인사 땡기기'를 해버린 것이다.

그런데 사학과 63학번 이현배는 지금도 여기에 불만을 제기한다. 이현배의 주장은 아무리 봐도 억울하다는 것이었다. 자기는 61학번보다 두 살 정도 아래여서 또박또박 경어를 쓰는데 61학번 '나쁜 놈들'은 1938년생인 박재일과도 '인사 땡기니' 이게 말이 되느냐는 주장이었지만, 결국 김정남이 원조인 '인사 땡기기'는 후일 문리대 학생운동에서 결속의 원동력이 되었다.

청진옥, 청일집, 열차집, 경원집, 실비집, 학사주점

우리가 술 마시는 곳은 뻔해서 학교 근처에서는 쌍과부집, 연건식당, 배때기집 등이었고, 밖으로 나가면 청진동의 청진옥, 광화문 교보빌딩 뒤쪽에 있던 청일집, 열차집, 경원집 같은 데였다. 옛날에는 청일집과 경원집 앞에 개천이 있어서 술 먹다 쉬하곤 했는데, 지금은 복개되어 옛 모습은 찾아볼 수 없다. 이런 집들은 물론 '피맛골' 자체가 사라져버리고 덩그러니 이름만 남아 있다.

낙지 골목은 지금 광화문우체국 자리에 열 지어 있었다. 그때 열몇 살 먹었던 낙지집 '실비집' 종업원(별명이 '막내')이 독립해서 '막내

청진동에 있던 해장국집 '청진옥'의 예전 모습. 자가용 차가 귀하던 시절이었는데도 자가용 몰고 해장하러 오는 사람도 많았다. |사진출처: 청진옥

낙지'를 개업, 지금은 떼돈을 버는 중이다. 내 아이들이 어린 시절 자주 들렀고 요새도 가끔 간다.

청진동의 그 유명한 해장국집 청진옥도 장소를 옮겼다. 정치학과 동기 현승일, 외교학과 김승웅·엄준걸, 이런 친구들과 가끔 청진옥에서 만나지만 옛 멋이 없다. 다만 오래 다녔다고 주인이 아는 체해주는 것이 위안이 된다고나 할까.

가장 많이 가던 곳은 역시 청일집, 열차집, 경원집 같은 빈대떡집이었다. 청일집은 종로1가 르메이에르 빌딩 1층으로, 열차집은 종로구 공평동으로 이전해 영업하고 있다. 그러나 경원집은 경복궁역 부근에 이전했다가 어디로 갔는지 사라져버렸다. 다음은 「서울에서 가장 오래된 빈대떡집」이라는 제목의 열차집에 대한 글이다.

열차집은 서울에서 가장 오래된 빈대떡집이다. 6·25 전쟁 중인 1950년대 초반에 생겼으니 어언 70년을 바라본다. 4·19가 나던 1960년부터 서울 도심 정비사업으로 피맛골(조선 시대 상민들이 고관대작의 말 행차를 피해 다니기 위해 생긴 종로 시전 뒷골목길. 현재의 광화문 교보빌딩 뒤편)이 역사의 뒤안으로 사라진 2009년까지는 피맛골 초입에서 가난한 문인·샐러리맨의 주머니를 털었던 대표적인 서민 술집이다.

빈대떡은 막걸리와 더불어 즐기는 대표적인 서민 음식이다. 중국에서 들어온 병자떡의 중국식 발음 '빙쟈'가 '빈대'떡이 되었다는 것이 정설이지만, 성 안 부잣집이 성 밖 빈민에게 구휼떡을 돌리던 풍습에서 나온 '빈자(貧者)'떡이 어원이란 설도 있다. 빈대라는 이름이나 다소 '없어 보이는' 모양새 때문에 어느 틈엔가 부자의 간식에서 빈자의 양식으로 바뀌었을 것이다.

_이인우,『서울 백년 가게』, 꼼지락, 2019, 141~143쪽.

명동으로 발걸음을 돌리면 학사주점도 있었다. 학사주점은 1961년 서울대·연세대·고려대 출신 4·19세대가 공동 출자하여 만든 일종의 '주식회사'였다. 명동에 있던 술집 '남포집'을 인수하여 개업했는데, 1962년 여름《한국일보》가 학사들이 모여 만든 주점이라며 '학사주점'이라고 이름을 붙여 이후 상호로 굳어졌다. 이후 광화문으로 옮겼다가, 1968년의 통일혁명당 사건으로 주인이었던 정치학과 선배인 이문규(李文奎, 55학번)가 사형당하는 바람에 문을 닫았다. 다음은 학사주점의 주주였던 유근호(柳根鎬)가 쓴 『60년대 학사주점 이야기』(나남, 2011)에서 정리한 내용이다.

1961년 12월 30일 새로 단장한 '남포집'의 문을 열었다. 스물대여섯 된 젊은 지성 50여 명이 주머니를 털어 걷은 돈으로 드디어 명동 한복판에 판자 대폿집을 차리게 됐다. 서호연에게 모든 것을 맡겨 준비하되 매월 당번을 두 명씩 두어 주점 관리를 하도록 했다(52쪽).

우리 주점의 상호는 엄연히 '남포집'이었으나 언제부턴가 사람들은 명동의 '학사주점'이라 부르고 있었다. 아마 1962년 여름부터가 아니었나 싶다. 그 원조가 당시 《한국일보》 문화부 기자로 있으면서 신문에 '남포집'을 '학사주점'이라고 쓴 사람이 손기상(외대 영문학과 56학번)이라는 데 아무도 이의를 달지 않을 것이다.
명동의 '남포집'이 '학사주점'으로 불리면서 대학가 일반은 물론 사회 일반에도 그 존재가 널리 알려져 호기심으로 찾는 이들이 많아졌다. 그리고 당시 잘된다고 소문은 났지만, 안으로는 상당히 곪아 있어 존폐 여부가 심각하게 논의될 지경에 이르렀다(84쪽).

1961년 12월 30일 명동에서 '남포집'이라는 이름으로 개점해 1963년 9월 15일 외부인에게 위탁경영을 맡길 때까지 학사주점 주주가 직접 경영한 시기를 제1국면이라 한다면, 1963년 9월 15일부터

1963년 3월 말까지의 위탁경영 시기를 제2국면이라 할 수 있다. …
그렇다면 광화문 학사주점의 이전 개업(1965년 4월 19일)을 제3국면의 시작으로 보는 이유는 무엇인가? 우선 주목해야 할 첫 번째는 광화문 주점을 차리는 데 이문규 개인의 투자금에 전적으로 의존했다는 점이다. … 그가 후에 법정에서 진술한 바와 같이 광화문 학사주점의 자금은 모친에게 의뢰해 모친의 친지로부터 빌린 돈이었다(142~143쪽).

내가 선배를 따라 가끔 갔던 곳이 명동의 학사주점이었다. 1962년 겨울, 학사주점에서 진탕 마시고 걸어가는데 종아리가 조금씩 따뜻해지는 것이었다. 뒤돌아보니 누가 '거시기'를 내놓고 뒤따라오며 내 바지에 싸고 있어서 나도 마렵던 참에 걸어가며 앞에다 누니까 앞 사람도 씩 웃고 자기도 누었다. 일렬종대로 누면서 걸어가는 장면은 가관이었다.

쉬하는 데 관해서는 다음과 같은 에피소드도 있다. 어느 날 갑자기 길 위에 다리가 생겼다. 육교(陸橋) 말이다. 허, 다리는 물 위에 놓는 것인데 길 위라니. 기념할만한 일이다. 그래서 우리는 육교 개통 기념으로 위로 올라가 쉬를 했다. 지나가던 순경께서 '육교 방뇨'를 목격하고 가라사대 "어이, 학생들. 왜 그 위에서 하나? 밑에 내려와 하지."

이런 행위를 어린애들이 본뜨면 안 되지만, 참으로 느긋하고 여유 있던 세월이었다.

낙원동 술집 사건

내가 대학에 들어갔을 당시에는 낙원동과 인현동을 중심으로 무허가 판잣집이 들어차, 정신 차리지 않으면 바가지 써 껍데기까지 홀랑 벗겨져 나오는 술집들이 늘어서 있었다. 이 지역이 이처럼 유흥가가 된 데에는 사연이 있었다. 그 사연을 『서울 도시계획 이야기 1』(손정목, 한울엠플러스, 2003)에 나오는 내용에 따라 살펴보자.

1941년 태평양전쟁이 일어날 당시 일본 본토나 조선의 각 시가지를 형성했던 건물은 대다수가 목조건물이었다. 당시 미국은 폭격에 일반 폭탄 외에 소이탄(燒夷彈)이라는 것을 많이 사용했다. 일반 폭탄에 의해서도 화재가 날 수 있었지만, 소이탄은 화재를 목적으로 제조된 폭탄이었다. 그러니 목조건물이 밀집해 있는 시가지에 소이탄이 떨어지면 순식간에 그 일대가 불바다가 되어버렸다.

대표적인 예가 1945년 3월 10일 새벽에 있었던 미군기의 도쿄 폭격이었다. 142분간에 걸쳐 벌어진 B-29 130대에 의한 폭격으로 사망자 8만 8,793명, 부상자 4만 918명, 이재자 100만 8,005명, 불타버린 가옥 971동, 전괴가 12동, 반괴가 204동, 합계 26만 8,358동에 화재가 발생해 당시 세계 최대의 도시였던 도쿄의 약 40%가 순식간에 불바다가 되어버린 것이다.

'소개(疏開)'란 '공습이나 화재 따위에 대비하여 한곳에 집중된 주민이나 시설물을 분산함'을 뜻한다. 도쿄의 참상을 목격한 조선총독부는 '도시소개요강(都市疏開要綱)'을 발표하여 공습 시 화재 확산을 막기 위해 경성(서울)·부산·평양·대전·대구·원산·청진·성진 등 주요 도시에 소개공지(疏開空地)를 지정하고 건물 철거에 들어갔다.

경성에서 제1차 소개 때 7개 지역에서 건물 철거가 진행되어 빈터가 되었는데, 경운동에서 청계천에 이르는 지역(현 안국역~낙원상가~3·1빌딩에 이르는 지역. 너비 50미터, 길이 약 600미터)과 종묘 앞에서 필동 사이의 지역(현 세운상가 지대. 너비 50미터, 길이 1,180미터) 두 곳이 일본 패전 이후에도 상당 기간 그대로 방치되었다.

그 빈터에 한국전쟁의 이재민, 북한에서 월남한 이주민 등이 판잣집을 짓고 정착했다. 이렇게 경운동에서 종로까지 그리고 종묘 앞에서 필동까지의 일제강점기 소개 도로에는 입추의 여지 없이 판잣집이 들어찼으며 술집 등이 번창하는 유흥 거리로 변모했다.

지금부터 하려는 것이 경운동에서 종로까지 즉 현재 안국역에서 낙원상가를 거쳐 종로에 이르기까지 과거에 열 지어 있던 바가지 술집에 원정(?) 갔던 이야기이다.

1962년 어느 날, 비가 추적추적 내리고 있었다. 저녁이 되자 심심하고 출출하던 참에 누군가가 낙원동으로 가자는 아이디어를 냈다. 그래서 낙원동으로 진격하기로 하고 작전(?)을 짰는데, 작전이란 게 간단해서 누구든 술 취해 먼저 떨어지면 술 취한 사람은 내버려 두고 도망친다는 것이었다. 그래서 낙원동 술집으로 진격하여 술을 마시기 시작했는데 모두 초긴장 상태라 그랬는지 아무리 마셔도 취해 떨어지는 사람이 없었다.

당시 낙원동이나 인현동 술집은 2층으로 되어 있어서, 본격적으로 마시려면 삐걱거리는 사다리를 타고 2층에 올라가 마시게 되어 있었다. 말이 2층이지 일어서면 천장에 머리가 닿을 정도였고, 술집이 다닥다닥 붙어 있어서 창문이 천장에 붙어 있었다. 아무도 취하지 않고 심심하던 차에 천장 창문을 열고 지붕 위로 올라갔다.

당시의 기와는 시멘트와 모래를 섞어 만들어 약했고 비까지 부슬부슬 내리니 밟으면 부서지는 것은 당연지사. 옆집에서는 무슨 일이 벌어지고 있나 보려고 옆집 천장 창문을 열어보니 '매미'를 껴안고 별짓을 다 하는 것이 목불인견(目不忍見)의 가관!

밑에서 별짓을 다 하던 자들이 열린 천장 창문으로 빗물이 부슬부슬 떨어지자, 위를 올려다보니 웬 놈들이 내려다보고 있는 것이 아닌가? 우리도 질겁하여 재빨리 본래 있던 곳으로 되돌아왔으나 약한 기왓장이 죄다 깨져 잠시 후 온 동네가 비가 새기 시작했다.

시침 뚝 따고 있던 우리는 점점 불안해졌다. 수사(?)가 본격적으로 시작되면 어떤 놈들이 지붕 위로 올라가 사고를 쳤는지 밝혀질 테니까. 그래서 우리는 "째자!"를 신호로 각자 다른 방향으로 삼십육계 놓기로 방침을 정했다. '째다'는 '도망가다'의 전라도 사투리이다.

이런 식으로 각자 도망쳤다. 나는 남대문로에 있는 한국은행 쪽으로 도망쳐 한국은행 현관 옆 자갈 위에 누워 통행 금지 해제를 기다렸다. 그때 자갈 위에서 고생한 생각만 하면 지금도 소름이 끼친다. 그런데 참 신통한 것은 그날 아무도 잡히지 않았다는 것이다.

이 글을 읽는 사람들 가운데 혹여 내가 말한 내용이 과장되었거나 '뻥'이라고 여기는 분들이 있을 수도 있다. 이런 분들은 김지하의 회고록 내용을 보시면 그랬구나 하고 고개를 끄덕일 것이다. 다음이 김지하가 회고록에서 쓴 내용이다.

요절한 영화감독 하길종을 기억할 것이다. 서울대 불문과를 나와 도미하여 UCLA에서 〈대부〉의 감독 프랜시스 코폴라와 함께 영화를 공부하고 돌아온 하길종을 기억하는 사람도 아직은 많을 것이다. 그의 〈화분(花粉)〉, 〈한네의 승천〉, 〈병태와 영자〉 등은 현대 한국 영화의 큰 두 갈래, 즉 신세대의 청바지 모더니즘과 민족적 정서의 아픈 기억 사이에서 고민한 당시 한국 영화의 기념비이기 때문이다.

그 하길종과 관련된 이야기다. 그는 나와 고등학교 때 한 반 친구다. 그래서 가깝고 더욱이 앉으면 뿌리를 뽑고야 마는 술친구다. 그가 졸업하기 전이니까 아직 미국행이나 영화계 한참 전의 이야기다.

중동고등학교 동창의 야유회가 있던 날이다. 세검정 밖으로 놀러 갔다가 술이 잔뜩 취해 뿔뿔이 흩어져 돌아오는 버스에 그와 내가 함께 났다. 술김에 눌이서 합의한 것이 낙원동에 가서 술을 더 먹자는 것이었다. 그러나 나는 돈이 땡전 한 닢 없었다. 그러자 길종이 제 바지 주머니에서 미군 군표(달러 대체표)를 반쯤 꺼내 살짝 보이며 자랑했다. 홀딱해버린 나는 헤헤거리며 길종을 따라 소위 '나이아가라'라고 불리던 낙원동 바가지 유흥가를 함께 어깨동무

1. 문리대와 술과 노래 **161**

하고 신바람 나게 들이닥쳤다. 하꼬방들이었는데 2층까지 있었다. 우리는 삐꺽대는 사다리를 타고 천장이 낮은 2층 방으로 올라가 술을 마시기 시작했다.

열두 시가 넘었다. 통금이 있을 때다. 그런데 길종이 미군 군표를 꺼내 흔들어대며 접대부 여자들에게 술과 안주를 직접 가져오라고 밑으로 내려보낸 뒤 사방을 두리번거리고 천장을 살피더니 천장에서 밖으로 뚫린 조그마한 출구를 하나 발견하고는 나더러 튀자고 했다.

"왜?"

"나 돈 없어."

"아까 군표는?"

"그거 시효가 넘은 거야. 튀자!"

얼떨결에 길종이 먼저 사다리를 타고 올라가 지붕으로 무사히 나갔는데 그 뒤를 따라 사다리로 오르던 내 다리를 두 여자가 붙들고 저희 몸을 뒤로 젖혀버렸다.

나는 여자들과 한 덩어리가 되어 쿵쾅하며 방바닥으로 굴러떨어졌다. 떨어지자마자 여자들과 아래층에서 올라온 요짐보(用心棒, 술집을 지키는 주먹)에게 여기저기 한참 동안 된통 얻어터져서 코피가 나고 입술이 찢어진 채로 뻗어버렸다.

출구 밖으로 해서 지붕에 올라간 길종이 "영일아! 영일아!" 부르며 땅으로 훌쩍 내리뛰는 소리가 들렸다. 그러고는 바람처럼 달아나버렸다.

돈이 될 만한 가죽점퍼는 요짐보가 이미 잽싸게 벗겨가고 홑셔츠 바람에 피투성이로 나 혼자 남았다. 두 여자가 좌우에서 나를 지켰다. 밤새 그랬다. 새벽녘에 술에서 완전히 깨어난 내 피투성이 얼굴을 보며 둘 중 전라도 가시내가 말했다.

"우리도 할 수 없었당께! 우리 원망 마쑈, 잉! 할 수 없제, 잉!"

사나운 눈매로 쏘아보는 여자더러 "내가 어떡하면 좋을까" 하자 경기도 말씨의 그 여자 가로되, "도망친 사람 딸라 갖고 있었죠?"

"그래."

"그 사람 찾아갑시다. 가만 보니 댁은 땡전 무일푼인 모양이니까! 우리 둘이 책임져야 돼요. 그러니까 그 사람 만나러 같이 갑시다. 일어나요!"

아침 첫 햇살을 받으며 눈을 찡그린 채 동숭동 문리대까지 셋이서 천천히 걷기 시작했다. 대학 정문 앞에 이르자 둘이 다 깜짝 놀란다.

"오메! 진작 얘기하제!"

대학생이라서 뜻밖이란 뜻이다. 경기도 여자가 정말 뜻밖의 제안을 했다.

"믿을 만한 사람 같으니까 우리는 여기서 기다릴세요. 빨리 찾아서 돈 받아 가지고 오쑈!"

"그라쑈, 그래! 아이고, 니 잘 생각했다 야, 빨리 가보쑈, 어서!"

결국 길종을 잡긴 잡았다. 그러나 돈이 있을 리 없었다. 그도 불문과 여학생들에게 뒤통수를 긁적긁적하며 아쉬운 소리 해서 돈을 구해왔다. 나도 친구들에게 거지짓을 해서 그 일부를 구해왔다.

_김지하, 『흰 그늘의 길 2』, 도서출판 학고재, 2003, 22~28쪽에서 발췌.

이상이 김지하가 쓴 하길종과 겪은 경험담이다.

마로니에와 분수

문리대 교정의 모습 중에서 희미하고 아련하게나마 기억에 남아 있는 것이 있다면 아마도 개나리, 라일락, 마로니에 등이 아닐까?

개나리는 날씨가 풀리자마자 개천 쪽으로 가지를 길게 늘어뜨린 채 노란 꽃을 피우고 있기에 대학로를 지나다니는 모든 사람에게 봄기운을 전해주었는데, 그중에서도 도서관 문 앞쪽의 개나리가 가장 좋았던 것 같다. 라일락은 교정 여기저기에 많이 피어 있었고, 그중에서도 4·19탑 앞쪽에 있던 라일락의 향기가 가장 진했던 듯싶다.

그리고 본관 앞쪽으로 줄 맞추어 심어 있던 키가 큰 나무 중에서 기억에 남아 있는 것으로는 목련, 은행나무, 마로니에가 있었다. 그중에서 마로니에는 문리대의 상징과 같은 존재였고 문리대 교정에서 가장 내세우던 나무였다.

마로니에는 어떤 나무인가? 마로니에(marronnier)는 프랑스어로 먹는 밤(栗)을 뜻하는데, 이 나무에 마로니에라는 이름이 붙게 된 것은 열매 모양이 밤과 비슷하기 때문이다. 열매의 모양은 밤처럼 생

서울대 문리대 자리에 그대로 남아 있는 것은 마로니에뿐이다. 공원 이름도 마로니에 공원이다. | 사진출처: 네이버 블로그 우보

졌으나 사포닌과 글루코사이드가 들어 있어 약한 독성을 띠고 있기에 먹을 수는 없다. 이 나무의 원산지는 지중해 연안이지만, 유럽 지방과 미국에 두루 퍼져 있는 키가 큰 교목(喬木)이며 낙엽수(落葉樹)이다. 꽃의 모양은 원추형으로 크기가 20~30센티미터 정도이다.

문리대 교정에는 두 그루의 마로니에가 있었는데, 경성제국대학 시절인 1929년 4월 5일에 심은 것이라고 한다. 과거 마로니에라는 나무 이름을 알고 있던 사람은 아마도 문리대생 외에는 많지 않았을 테지만, 어떤 가수가 부른 "지금도 마로니에는 피고 있겠지"라는 가사의 노래(《그 사람 이름은 잊었지만》)가 크게 유행한 후 널리 알려지게 되었다.

1975년 서울대 단과대학 전체가 관악 캠퍼스로 옮겨감에 따라 문

리대는 이름 자체가 사라졌다. 문리대가 사라진 그 자리는 마로니에공원으로 바뀌었고, 마로니에만 의젓하게 제 자리에 서 있다.

마로니에에 관한 이 글은 문리대 식물학과 65학번 이상봉의 글(『동숭클럽 이야기』, 2015, 87~90쪽)을 가필한 것이다.

이번에는 과거 문리대에 있었지만 사라져버린 많은 것 가운데 분수와 관련하여 내가 겪은 일 하나를 소개해본다.

분수라고 하면 공원이나 광장 한가운데에서 물을 뿜는 고상한 자태를 연상할 테지만, 당시 문리대에 있던 분수는 벽돌을 쌓아 시멘트로 적당히 마감한 문리대식(?) 분수였다. 그런데 이 분수가 물을 뿜어 주변을 시원하게 해주고 금붕어의 놀이터 역할을 했을 뿐만 아니라, 일부 문리대생에게 지극히 필요한 존재였다는 사실을 아는 사람은 그리 많지 않다.

당시 문리대 어문학계열의 중문과 차주환 교수, 영문과 고석구 교수, 국문과 전광용 교수 등과 같은 분들은 사회과학계열, 특히 정치학과 학생들이 "공부는 하지 않고 시끄럽게 군다"며 별로 좋아하지 않았던 것으로 기억한다.

그때 문리대에는 학교에서 숙식을 해결하는 학생이 꽤 있었다. 1960년대의 대표적인 작가요 『무진기행』으로 유명한 불문과 60학번 김승옥도 문리대 신문사 사무실에서 자취하고 있었고, 몇몇에게는 교실 책상 위나 교정 벤치가 잠자리가 되기도 했다. 일종의 노숙이었지만, 누구도 부끄럽게 여긴 사람은 없었다.

이같이 책상이나 벤치를 잠자리로 삼을 때 문제점이 한두 가지 아니었지만, 빨래와 목욕이 가장 큰 문제였다. 때가 여름철이라 이와 같은 큰 문제를 분수에서 해결하면서 '가장 큰 문제'가 되어버린 사건이 발생했다.

매일 아침 교내를 순찰하던 수위 아저씨가 보니, 분수에 있는 붕어가 죽어 둥둥 떠다니고 있었다. 다음 날도 붕어가 자꾸 죽자 하도 이상해서 밤중에 지켜보기로 했다. 그런데 학생들이 분수에서 빨래와 목욕을 하는 게 아닌가? 책상이나 벤치에서 자는 주제이니 세숫비누가 있을 리 없었고 그때의 세탁비누라는 게 양잿물 범벅이어서 붕어가 자꾸 죽는 것은 너무도 당연했다.

자기가 말려보았자 말을 들을 리가 없을 테니 연구실로 달려가 영문과 고석구 교수에게 고해바쳤다. 화가 난 교수께서 한걸음에 달려나오시며 "너희들 거기서 뭐 해! 빨리 나와!"라고 외쳤다. "전부 빨가벗었습니다" 했더니 "그대로 나와!" 하시어, 아랫도리 중요한 부분을 두 손으로 가리고 서서 야단맞았다.

나도 선생을 해본 적이 있지만, 모범생보다 말썽꾸러기 학생이 더 인상에 남는다. 1970년대 초 건국대학교에서 강의하던 시절 종로 맥주집에서 우연히 국문과 전광용 교수를 만났다. 뭘 하고 지내느냐고 물으시기에 쑥스러워 차마 선생질한다고 할 수가 없어 그냥 그럭저럭 지낸다고 대답했다.

그런데 계속 "뭐 하고 그럭저럭 지내느냐"고 물으시는 게 아닌가. 자꾸 물으시어 결국 건국대학교에서 학생들 가르친다고 했더니 "자네한테 배우는 애들도 있나" 하시며 거짓말 조금 보태 10분 정도 웃으시는 것이었다. 그러고는 어려운 시절이니 잘 버티라고 하면서 맥주를 권하며 격려해주셨다. 그야말로 정신없이 어렵던 시절, 은사의 따뜻한 말 한마디. 이것도 가끔 생각나는 추억의 한 토막이다.

2. 동기와 후배들

동기: 권근술, 박세웅, 손정박 그리고 이부영과 성유보

이번 이야기의 주인공은 정치학과 동기인 권근술(權根述), 박세웅(朴世雄), 손정박(孫正博), 송철원(宋哲元)이다 (가나다 순). 주인공 선발 기준은 친구들에게 숙소를 얼마나 제공했느냐이다. 이 순서가 참으로 절묘한데, 자세히 보니 '인격 순'이다. 그리고 나를 제외한 세 친구는 재수했다.

권근술은 제기동에, 박세웅은 창신동에, 손정박은 홍릉에, 나는 인현동에 각각 집이 있었다. 술에 취하면 집에 못 들어가는 수가 많아서 거점이 여러 곳이면 유리했다.

권근술은 함께 술 마시는 빈도는 그저 그랬지만 그의 제기동 집에는 자주 가서 침식을 신세 지곤 했다. 술 마시는 데 너무 열중했던 나머지 권근술의 여동생이 아주 미인이었다는 점을 간과한 것을 아쉬워했던 친구들이 있었다. 권근술은 정치학과 동기 이부영·성유보, 사회학과 정동익 등과 함께 1975년 동아일보 기자에서 해직된 후 한겨레신문 사장을 지내기도 했지만, 성유보와 함께 먼저 저세상으

2020년 3월 17일 오전, 동아일보사 앞에서 열린 '3·17 대량해직 규탄 45주년 기자회견'에서 정치학과 동기 이부영(자유언론실천재단 이사장)이 고 권근술 동아투위 위원의 영정을 들고 참가한 손주 권민수와 함께했다.ㅣ출처: 한겨레

로 갔다.

박세웅의 부친 성함은 지금까지도 기억이 난다. 문패에 '박' 자, '판' 자, '득' 자가 있는 것을 보고, 술 취하면 곧잘 박세웅 집으로 몰려가서 부친 성함을 큰 소리로 부르는 실수를 저질렀기 때문이다. 박세웅은 후배들을 홀리는 데 일가견이 있었다. 후배들이 그의 주변에 빙 둘러앉아 귀를 쫑긋하고 있으면 "그날은 비가 오고 있었지"로 시작되는 연애사(戀愛史)의 막이 오르는데, 후배들은 끝날 때까지 헬렐레한 표정으로 경청했으니 말이다.

다음은 손정박이다. 손정박은 고등학교 1년 선배로 재수해서 동기가 되었고, 문리대 초년 시절 각종 에피소드를 생산한 인물로 이미 저세상으로 갔다.

1961년 정치학과에 입학한 후 한참이 지나도록 신입생 손정박이 모습을 보이지 않았다. 마침내 나타난 손정박에게는 다음과 같은 사연이 있었다고 했다. 재수해서 정치학과에 합격해 들뜬 기분에 친구들과 어울려 술 마시는 것까지는 좋았는데, 술 취해 패싸움이 벌어져 상대를 곤죽으로 만들어놓고 도망치다 손정박 혼자 막다른 골목에서 잡혔다는 것이다. '의리의 사나이' 손정박은 폭행죄를 혼자 뒤집어쓰고 잠시 잡혀갔다가 오느라고 학교에 늦게 나타났던 것이다. 그래서 손정박이 술자리에서 자주 부르던 노래는 이랬다.

죄명은 특수폭행,
가야 할, 가야 할 길은 형무소.
영자야, 순자야.
면회 한번 와주려무나.

이어지는 손정박의 무용담은 5·16쿠데타 이후의 상황에 대한 설명이 필요하다. 박정희 군사정권은 '민정(民政)'에 참여하여 선거에 승리하기 위해서는 막대한 정치자금이 필요했다. 엄청난 정치자금을 일본으로부터 받는 것도 모자라 중앙정보부장 김종필이 중심이 되어 불법·부정행위를 저질렀다. 이것이 이른바 '4대 의혹사건'으로 구체적 내용은 다음과 같았다.

① 중앙정보부가 증권회사를 설립하고 증권거래소를 장악하여 주가조작을 통해 엄청난 부당이득을 챙긴 '증권파동 사건'
② 중앙정보부가 외화획득을 명분으로 워커힐 호텔을 지으며 정부자금을 마구 투입하여 막대한 자금을 유용한 '워커힐 사건'
③ 중앙정보부가 일본에서 승용차를 불법 반입해 시가의 2배 이상으로 판매, 폭리를 취한 '새나라 자동차 사건'
④ 도박기계인 회전당구기를 재일교포의 재산 반입처럼 세관을 속여 면세로 수입하도록 허용한 '회전당구기 사건'

손정박에게 문제 되었던 것은 '회전당구', 일본말로 '빠찡꼬'여서 어떤 의미에서 그는 '4대 의혹사건'의 희생자(?)이기도 하다. '빠찡꼬'란 쇠구슬을 튕겨 올려 특정한 구멍으로 들어가면 돈을 따는 도박으로, 군사정권은 여론이 나빠지자 대책 없이 영업허가를 취소하여 업소에 큰 피해를 입혔다.

문제의 발단은 손정박이 아버지의 사업거래처에서 수금한 돈을 '빠찡꼬' 하다 몽땅 잃은 데 있었다. 게다가 여대생들과 '미팅' 같은 걸 하면 재수가 없는지 잘 풀리지 않는다는 등의 불만이 있던 중(사실 그가 왜 그랬는지는 어디까지나 추측일 뿐이다), 어느 벌건 대낮에 술이 떡이 된 손정박은 어느새 '헐크'로 변신하여 혜화동에서 이화동까지 점포의 유리를 모조리 부숴버렸다. 유리창, 유리문, 큰 것, 작은 것, 가리지 않고 주먹으로 발길질로 닥치는 대로, 누군가 농담으로 "쟤 조상이 유리 때문에 망해서 죄다 부쉈대"라고 할 정도로 옆에서 손 쓸 사이도 없이 때려 부쉈다고 한다.

홍릉 손정박 집으로 우르르 몰려가 죽치고 있으면 외아들 친구 왔다며 음식을 정성껏 차려주시던 그의 어머니가 손정박 '헐크' 변신 사건 며칠 후 돈다발과 담배 몇 보루를 들고 가게마다 일일이 배상하고 사과하러 다니셨다. 천성이 순수 그 자체였던 손정박은 이후, 노동 체험을 한다며 탄광에서 노동하기도 했고, 1973년 이른바 'NH회 사건'에 연루되어 징역 7년을 선고받고 여러 해 복역하기도 했다. 그는 사나이 중의 사나이였다.

후배 이영섭

1962년에는 2학년이 되어 나에게도 신입생 후배가 생겼다. 고등학교 후배 가운데 1년 아래인 국문과 이영섭에 대한 추억을 더듬기로 한다. 문리대 학생정치판에서 경기고 주니어 대표 격인 나를 후배인 이영섭(李永燮)과 사회학과 최해용(崔海容)이 가장 적극적으로 도왔다. 이 두 후배는 중앙정보부원이 된 김덕창 선배의 학원 사찰에 관해 조사할 때에도 옆에서 위험을 무릅쓰고 사심 없이 거들어주었다. 그 이야기는 뒤로 미루고, 먼저 이영섭과의 사이에 있었던 일부터 들여다보자.

시간이 3년 건너뛴 1965년에 있었던 일이다. 나는 1965년 9월 15일 중앙정보부에 의해 구속되어 1966년 3월 2일 집행유예로 석방되었으나, 문리대를 이미 졸업한 상태라서 무직자 즉 당시 법률용어로 '무위도식(無爲徒食)하는 자'라는 기분 나쁜 신분으로 항소심 재판을 받고 있었다.

'무위도식'이란 하는 일 없이 놀고먹는다는 뜻이니, 거기에서 벗어나서 하는 일 있고 놀고먹지 않기 위해 건국대학교 대학원 '추가모집'에 응시했다. 그 시험에서 나는 건국대학을 떠들썩하게 하며 당당히 수석 합격했다. 제2외국어 독일어 시험을 친 사람이 혼자였기 때문이었는데, 당시 대학 입시에서 제2외국어를 필수과목으로 부과한 대학은 서울대학교뿐이었다. 게다가 나는 독문학에 취미를 붙여 독일어 공부에 열심이지 않았던가!

당시 건국대학교 대학원장이었던 김두헌 교수께서 "난세에는 잠시 숨을 고르는 것도 방법"이라며 장학금과 연구실을 제공해 주었지만, '책 보고 공부하려면 꼭 무슨 일이 터진다'는 징크스를 어떻게 피하느냐가 문제였다.

이 문제를 해결해준 사람이 후배 이영섭이었다. 이영섭에게는 남동생 셋, 여동생 하나가 있었는데 아예 자기 집에 입주해서 동생들도 돌보고 공부도 하라는 것이었다. 그래서 그 후 2년간 책과 씨름하며 공부했는데도, 신기하게도 아무 일도 터지지 않았다. 그럴만한 까닭이 충분히 있었다.

우리는 전에도 아현동 이영섭의 집에서 몇 차례 데모 모의를 한 적이 있었다. 그럴 때면 모른 체하며 슬그머니 자리를 피하는 그의 부친은 현직 검사였고 그의 어머니는 사업가적 기질을 타고난 여장

부였다. 내가 입주하자 맏아들의 선배라고 나를 끔찍하게 대접하며 2층의 운동장만 한 방에다 당시에는 귀하던 에어컨까지 설치해주었다. 서울중학교 3학년에 다니는 이영섭 막내동생의 고등학교 입시를 위해 각 과목 과외교사에 운전기사까지 붙이고 있어서 이를 총체적으로 '감독'하는 것이 나의 주된 업무였다.

그래서 이들로부터 막내에 대해 보고를 받아보니, 과외교사가 서너 명인데도 성적이 거의 꼴찌라고 할 정도였다. 이상해서 관계자를 심문(?)한 결과 운전기사로부터 자백을 받아냈다. 막내가 과외공부 가는 대신 수영장에 가는데, 어른들에게 이르면 재미없다고 협박까지 했다고 했다.

'내 임무가 무언데 이러면 안 되지.' 그래서 이영섭 어머니에게 자초지종(自初至終)을 알렸다. 그리고 "아무래도 다리 몽둥이를 부러뜨려야 정신 차리겠습니다"라고 하자 역시 여장부 어머니는 뭔가 달라도 한참 달랐다. "송 선생님, 목발이라도 짚고 걸을 수 있게 한쪽만 부러뜨리면 어떨까요?" 이렇게 대답하시는 게 아닌가.

보통 어머니라면 다리 부러뜨리는 것은 물론 때리는 것도 막을 텐데, 하나만 부러뜨려달라는 씩씩한 부탁에 용기백배하여 이웃 건축 공사장에서 각목 몇 개를 갖고 오게 해서 다리가 부서져라 하고 막내를 두들겨 팼다. 한쪽 다리는 부러지지 않도록 신경 썼던 것은 물론이다. "이놈아, 네 과외비용으로 몇 가구가 먹고살 수 있는 지나 아냐?" 나는 정말로 화가 치밀어 걷지도 못할 정도로 두들겨 팼다. 이후 막내는 화장실에 갈 때도 내 허락을 받았고 과외 선생들과 운전기사는 일일이 나에게 보고하도록 했다.

지성(至誠)이면 감천(感天)이라 했던가? 와! 막내가 이듬해 서울고등학교 입시에서 7등으로 합격하여 1학년 7반 반장이 된 것이다. 꼴찌 반열에 들던 놈이.

1968년, 이영섭의 집을 떠나려 하자 어디서 주워들었는지 서울 시내 망나니 아들을 둔 부잣집 마나님들이 꼴찌를 7등으로 합격시켰다고 소문난 나를 스카우트하려고 몰려왔다. 그러나 그게 어디 아무에게나 되는 일인가? 학부형과 호흡이 맞아야지.

이영섭네 가족의 특별한 배려로 석사학위 논문을 무사히 끝내고 1968년 건국대학교 대학원을 수석으로 졸업했다. 문리대 동기들이 아직 조교로 교수들 심부름하던 그때, 건국대 경제학과에서 화폐금융론 등으로 강의를 시작했으나 어디 제 버릇 남 주나? 박정희를 신나게 난도질하다 결국 1975년 쫓겨나 또다시 '무위도식' 상태에 들어갔다. 이번에는 처자식 거느린 채로. 나 외에도 '교수 재임용'이라는 미명하에 전국에서 수백 명이 쫓겨났으니 나만 당한 것은 아니었다.

건국대학 대학원을 「독점적 경쟁자의 행동분석」이라는 논문으로 수석으로 졸업했고 부상으로 금반지를 받았는데, 건국대학에서 해직된 후 생활이 하도 어려워 팔아버렸다고 후에 눈물을 글썽이며 집사람이 이야기하는 것을 들은 적이 있다. 지금도 나이 생각하지 않고 모험을 감행하여 가족을 불안하게 하기는 그게 그거 아닌가?

다시 이야기의 방향을 후배 이영섭에게로 돌려보자. 문리대 국문과에 입학한 그의 원래 꿈은 시인이었다. 그런데 엉뚱하게도 사업

1992년 6월 26일, 후배 이영섭(국문과 62학번, 뒷줄 왼쪽에서 두 번째)이 아버님과 어머님(앞줄 앉은 분들)의 금혼식을 맞이하여 가족과 함께 기념촬영을 했다. 민주화운동 세력을 헌신적으로 도왔던 이영섭은 정부의 잘못된 정책으로 사업체가 흑자도산하자 병을 얻어 1997년 12월 3일 세상을 떠났다.

을 하게 된 것은 장남이라는 짐과 성격이 적극적이었던 어머니의 영향이었으리라. 이영섭은 정이 많고 통이 큰 사내였다. 어려운 사람이 찾아오면 자기 일처럼 거들었고 특히 주변의 '진보적' 인사들에게 도움을 아끼지 않았으며 '한국천주교 평신도사도직협의회 회장'을 지내기도 했다. 이건 진짜 아무나 하는 게 아니었다.

그가 경영하던 '교하산업'은 전 세계 타포린의 40%가량을 생산했고 중국에도 큰 공장이 있는 중견기업이었다. 그러던 것이 1996년 금융기관에서 동시에 자금을 회수하여 흑자를 내는데도 도산해버린

2. 동기와 후배들

것이다. 그가 부도를 내고 도피 상태에 있을 때 함께 술 한잔하며 앞으로는 내가 술사겠다며 위로했지만 얼마 안 가서 저세상 사람이 되어버렸다.

이영섭은 참여하고 돕는 데에는 적극적이었지만 정치적 행위를 하지 않았고 그런 쪽의 감투를 쓰려고도 하지 않았다. 한마디로 이름나는 데는 나서려 하지 않았다. 요즘 같은 때, 이런 놈과 밤새워 한잔하며 이야기하고 싶다. 눈물을 글썽이며, 침 튀기며 이야기하고 싶다. 그것도 아우성치며.

《가톨릭신문》(1997.12.14. 12면)은 그의 죽음을 아쉬워하며 다음과 같이 보도했다.

"이 나라에서 중소기업을 한다는 것이 무슨 의미인지 알 수가 없습니다. 돈 벌려면 남들 다하는 부동산 투기를 했겠지요. 그저 수천 명 직원, 식구들과 더불어 살자는 것이었는데…."

12월 5일 서울 아현동성당에서 장례미사가 봉헌된 고 이영섭(콘스탄틴) 씨가 한보 사태 직후 종금사들의 자금 회수로 회사가 흑자 도산을 하게 됐을 때 긴 한숨으로 뱉은 한탄이라고 한다.

주임 심용섭 신부와 15명의 사제가 함께 집전한 이날 미사에는 평소 그가 보여준 인품에 대한 깊은 애정, 예술가이자 기업인, 무엇보다 깊은 신앙을 간직한 그리스도인으로서 55세의 나이로 그렇게 간 데 대한 애석함과 그리움, 그리고 그의 죽음을 불러온 부패한 정치와 경제에 대한 노여움 등이 섞여 있었다.

타포린이라는 화학섬유로 그 부문에서는 전 세계 38%를 당당히 점유하고 있던 교하산업이 어처구니없는 흑자도산으로 무너져 내리던 것이 지난 3월, 충격은 병으로 변했고 그는 쓰러졌다. 7월에는 폐암 선고를 받았다. 그는 바쁜 사업 활동 중에서도 10년이 넘도록 아현동성당에서 총회장을 맡아 봉사해왔다. 장례미사에서 아현동성당을 대표해 조사를 한 한 신자는 그가 기업인보다는 수도자가 더 어울리는 인물이라고 말했다. 어떤 술자리든 항상 손에 손을 잡고 감사가를 부르는 것으로 끝을 맺었다고도 말했다.

특히 지난해에 거행된 김대건 성인 순교 150주년 기념행사 준비위원회의 주요 멤버로 땀을 흘렸던 그는 제2의 시성시복을 위한 한국교회의 새로운 연구 작업에도 참가, 보이지 않는 후원 활동을 해온 것으로 알려졌다.

친우들을 대표해 그를 기린 한 벗은 그가 "누구의 손도 뿌리치지 않았으며 특히 정의, 평화, 인권단체나 신학사상을 연구하는 많은 기관을 지원해왔다"며 "건실하게 성장해온 한 기업이 무능하고 부패하고 사악한 정치 때문에 손상된" 현실을 개탄했다.

그가 세상을 떠난 해 현직 대통령 아들 김현철(金賢哲)이 부패 혐의로 구속됐다.

3. 1962년의 단상(斷想)

대입 국가고시 유감

1962년 초, 어느 날 나는 엄청난 일과 마주친다. 우리 집은 중구 인현동과 종로구 통의동 두 군데에 있었는데, 통의동에 살고 있을 때의 일이다. 공식적으로 밝혀진 일이 아니라서 확인된 사실은 아니지만, '국가고사' 시험문제 유출(?)이라는 황당한 일을 겪었다.

우리가 문리대에 입학하던 1961년은 대학별로 출제된 시험을 치렀지만, 5·16쿠데타 후인 1962년에는 전국적으로 공동 출제된 '대학입학자격 국가고시' 점수와 체능검사 점수를 합산해 신입생을 전형하도록 제도가 바뀌었다. 그리고 4지선다형(四枝選多型) 출제방식을 택했다. 체능 점수 때문에, 뜀뛰기를 잘하지 못했던 재수생 친구 몇 명이 다른 대학으로 간 기억이 있다.

사건(?)은 1962년 대입 국가고시 시행 직전에 일어났다. 어느 날 효자동에 사는 경기고 동기 C군의 어머니가 급히 오라고 해서 헐레벌떡 달려갔더니 영어 시험지를 주며 정답을 내달라는 것이었다. C군은 당시 재수 중이었다.

1962년 1월 16일, 약 4대 1의 경쟁률을 보인 대학입학자격 국가고시가 실시되었음을 보도한《동아일보》(1962.1.17. 3면).

재벌급 아버지를 둔 C군의 문자 그대로 고대광실(高臺廣室) 좋은 집에는 방방이 사람들이 들어앉아 무언가를 하고 있던 것이 이상하여 친구 어머니에게 물었더니, "철원아, 너 공부 잘하니까 그냥 영어 문제나 풀어주렴" 하고는 아무 말 말라며 시계를 하나 주는 것이었다. (그때 시계는 맡기고 외상술을 실컷 먹을 수 있는 존재였다.) 모든 것이 이상했지만, 친구 어머님 부탁이라 문제를 다 풀어주고 나왔다.

당시 나는 장충동에서 시간제 가정교사를 하고 있었다. 내가 가르치던 학생은 고3 여학생이었는데, 아무 말 없이 C군 집에서 풀었던 문제 중 하나를 살짝 가르쳐주었다. '가족에게 안부 전해주세요.'라는 뜻의 영어 문장 'Remember me ( ) your family.'의 괄호 안에 적당한 것을 골라 넣는 객관식 문제였다.

얼마 후 설마 설마 했던 일이 사실로 판명되었다. 깜짝 놀랐던 것은 실제 출제된 국가고사 영어 시험문제와 내가 불러가 정답을 내준 문제가 똑같다는 사실이었다. 그리고 불행하게도 내가 가르쳤던 여학생은 바로 내가 가르쳐준 문제가 틀려 전기 대학에 낙방하고 말았다. 내가 시험에 나올 거라고 말하지 않아서 소홀히 넘겨버렸기 때문이었다. 국가고사 문제가 유출되리라고 누가 상상이나 했었겠는가?

이렇게 하여 C군은 문리대 사회사업학과에 입학했다. 사전에 정답을 알고 시험을 쳤으니 결국 '반칙'으로 문리대에 들어온 셈이어서, 문사철(文史哲)이 어쩌고 하는 문리대에서 끝까지 견뎠다면 기적이었을 것이다. 그는 얼마 견디지 못하고 미국으로 건너갔으나 한국에서 안 되는 일이 미국이라고 될 리는 만무했다.

미국에 가고 난 후 소문은 이러했다. 그가 미국에서 한 일이라고는 예쁜 여자애가 미국 온다는 소문을 듣는 즉시 차 몰고 공항까지 마중 나가는 것이 전부였다고 한다. 여하튼 돈은 얼마든지 있으니까 펑펑 쓰고 또 쓰다가 몇 년 후 미국인 부인을 얻어 결국 한국으로 돌아왔다.

그가 귀국한 후 얼마 안 되어 그의 집에 찾아갔더니, 부인이 담배를 꼬나물고 앉아서 남편이 친구의 'dormitory(기숙사)'에서 자고 안 들어왔다고 했다. '에끼, 고얀 놈! 외박하고 외국인 본처에게 둘러댄 게 겨우 기숙사냐?' 내가 혼자 속으로 한 말이다.

얼마 후 그에게서 한잔하자는 연락이 와서 무교동 '스타더스트 바'로 갔다(그때 거기는 비싸서 아무나 가는 곳이 아니었다). 그가 들어서자 밴드가 연주하던 곡을 멈추고 그가 좋아하는 곡을 쾅쾅 연주하는 것이었다. 그 정도는 아무것도 아니었다. 그가 수표장을 꺼내 놓고 찍찍 긁어 아무렇지도 않게 팁 주는 걸 보고 '뭐, 이런 놈이 있나' 싶어 그 후 만난 적이 없다.

C군은 이런 식으로 그 많고 많던 부모 재산 다 거덜 내고 결국 빈털터리가 되어 말년에 고생고생하다 저세상으로 떠나갔다는 사실을 누군가에게서 들었다. 이미 이세상 사람이 아닌 C군 이야기를 길게 하는 것은 "이 나라 사회의 모든 부패와 구악(舊惡)을 일소"하겠다는 등의 '혁명 공약'을 내건 군사정권 치하에서 벌어진 일이었기 때문이다.

4. 1962년의 문리대

1962년 공납금

김도현(金道鉉, 정치 61)이 보관하고 있던 영수증을 통해 1962년의 서울대 공납금 규모를 알아보자. 1962년 1학기의 영수증은 화폐개혁(1962.6.10.) 이전이라 화폐단위가 '환(圜)'이고, 2학기의 영수증은 화폐개혁 이후라 화폐단위가 '원(圓)'(10환→1원)이다.

'영수증 ①'은 1962년 1학기 등록금 및 학생자율적 경비에 대한 것으로, 구체적인 내역은 다음과 같다.

수업료	50,000환(인문)/44,000환(자연)
기성회비	10,000환
자치회비	1,500환(A), 1,700환(B)
보건비	2,000환
신문대	1,700환
*합계	65,200환(인문)/59,400환(자연)

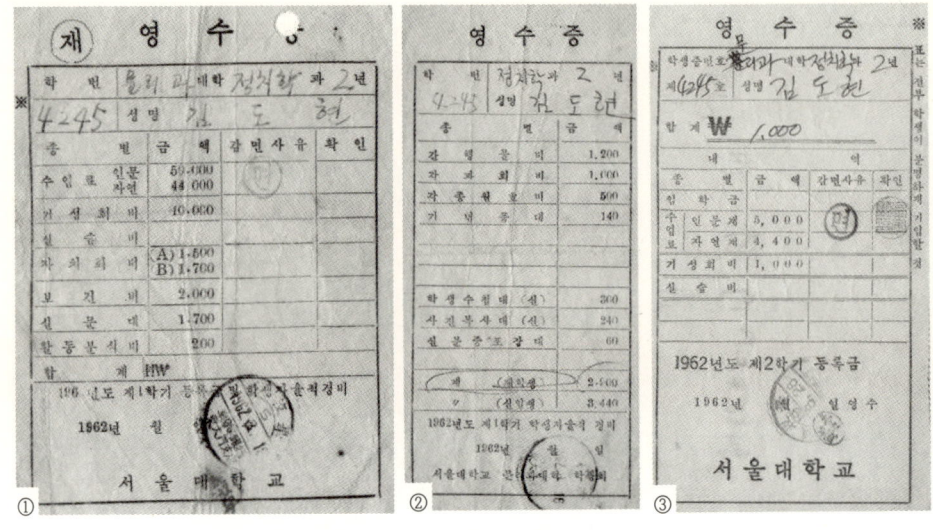

① 1962년 1학기 등록금 및 학생자율적 경비 영수증
② 1962년 1학기 학생자율적 경비 영수증
③ 1962년 2학기 등록금 영수증

'영수증 ②'는 1962년 1학기 학생자율적 경비에 대한 것으로, 구체적인 내역은 다음과 같다.

    간행물비   1,200환

    각과 회비   1,000환

    각종 원호비   500환

    기념품대   140환

    학생수첩대(신) 300환

    사진복사대(신) 240환

신분증포장대	60환
*합계	2,900환(재학생)/3,440환(신입생)

'영수증 ③'은 1962년 2학기 등록금에 대한 것으로, '원(圓)'으로 변경된 후 발부된 것이다. 구체적인 내역은 다음과 같다(김도현은 장학금을 받아 수업료가 면제되어 '면제'를 뜻하는 '면' 자 도장이 찍혀 있다).

수업료	5,000원(인문)/4,400원(자연)
기성회비	1,000원

학림제(5월 22~26일)

1962년 5월, 문리대 축제인 제1회 학림제(學林祭)*가 열렸다. 당시 문리대 학생회가 주최하고 철학과 과회장이던 이삼열(59학번) 등이 중심이 되어 학술적 분위기가 물씬 풍기는 축제를 연 것이다. 축제 이름은 문리대 앞 학림다방의 '학림(鶴林)'에서 음을 차용했으나, '학(鶴)'의 숲이 아니라 '배움(學)'의 숲으로 바꾸어 '학림제(學林祭)'라고

---

* 학림제는 1962년부터 1970년까지 8회 개최되었다. 제3회 학림제까지는 5월에 열렸으나, 1965년 학원 사태로 10월로 연기한 것을 계기로 그 후에는 10월 또는 11월에 열렸다(『서울대학교 60년사』, 2006, 747쪽). 1969년에는 학생들의 3선개헌 반대 운동으로 학원 정상화가 이루어지지 않아 학림제가 열리지 못했다(《동아일보》 1969.10.8. 3면;《경향신문》 1969.10.8. 7면).

제1회 문리대 학림제를 기획한 학림제 운영위원장 이삼열(철학 59)

했다. 이후 학림다방의 상호도 '鶴林'에서 '學林'으로 바뀌었다.

다음은 문리대의 학림제에 대해 "진리와 빛은 우리의 상징"이라는 내용으로 보도한 《조선일보》(1962.5.26. 4면) 기사이다.

> "건강하고 풍요한 아카데미즘의 수립으로 대학의 자유, 대학의 사명 완수에 총매진하자. … 진리와 빛은 언제나 우리편이며 우리의 상징이어야 한다"는 선언문 낭독과 함께 서울대학교 문리과대학의 학림제가 22일 그 막을 열었다.
>
> 개막식에 이어 22일에는 이숭녕, 이병도, 박종홍 교수의 학술강연이 있었고, 낮과 밤 2회에 걸쳐 합창반 공연이 있었다. 이어 25일까지는 각 과별 학술 심포지엄, 정치·사상강연회, 종교문제강연회와 각 학회별 조사연구 발표, 불어(佛語) 연극 '르 씨드' 공연 및 학생토론회와 문학의 밤이 열렸다.

특히 23일 오후에 열린 정치·사상강연회에는 서울대학생 외에도 수많은 일반인이 참석했으며, 24일 아침 10시부터 저녁까지 계속된 학생학술토론회에는 많은 학생이 참가하여 '한국 지식인의 진로' 및 '한국적 신화(神話)란 무엇인가'라는 두 가지 테마를 가지고 논전을 벌여 학생들의 발랄한 학구적 태도를 보여주었으며 우거진 마로니에를 향해 젊음을 읊은 문학회 '정원의 밤'과 합창반의 코러스는 생동하는 젊음의 낭만을 더욱 부풀게 하는 것이었다.

제1회 문리대 학림제를 보도한 《조선일보》(1962.5.26. 4면)

26일로 끝나게 될 대학가의 축제를 마지막으로 장식할 행사는 다음과 같다.

▲모의 유엔 안전보장이사회=26일 오전 10시 대강당에서 열리는데 의제는 '인도의 고아 침공'이며 주최 측인 문리대 외교학과 외에 조선대, 성대, 중대, 연세대, 고대, 숙대, 국민대, 경북대, 경희대, 동국대, 이대, 건대 등 여러 대학 대표가 참가한다.

▲각과 대항 체육대회 본선

▲시화전(문리대 정원)

▲동물표본 전시회(학생휴게실)

4·19혁명의 주역이었던 문리대생들은 다음과 같은 내용의 「학림제 선언문」을 통해 5·16쿠데타로 억눌린 분위기를 고양하려 했다.

라일락 향훈(香薰) 높은 생명과 창조의 달 - 5월에 우리 모두 무한한 가능성과 영원에로 연결되는 학(學)의 숲에서 번득이는 진리의 비수(匕首)를 탁마(琢磨)하고 상아탑의 횃불을 높이 치켜들어 미네르바 여신과 함께 우리의 광장을 미치도록 내달릴 수 있는 날, 숭고한 민족의 이념 아래 희망과 영광의 힘찬 미래사는 기필코 창건되고 말리라.

뒤로는 오욕과 울분의 역사가 우리에게 낯을 붉히고 있으며 우리의 역사적, 사회적 현상은 비참과 위기를 극(極)하고 있음이 엄연할진대 우리 젊은 지성들은 이 이상 더 자학, 비관, 체념 속에서 비겁하게 방황할 수 없는 것이다. 폐허와 허무 속에서 건설과 창조에로 비약하고 침체와 암담(暗澹) 속에서 약진과 광명을 모색하는 것이 바로 우리 젊은 엘리트들이 아니겠는가!

불의나 부정과의 흥정을 거부하고 자유의 여신에게 피를 선사하는 것으로 인텔리겐치아의 사명이 끝나는 것은 아니다. 근본적인 부정(否定)과 건설적인 비판이 지성인의 임무일지라도 그것은 새로운 문화의 형성과 그 조산(助産)을 위해서만 필연적으로 요구되는 것이며 비로소 가치가 부여받게 되는 것이다.

공허하고 무책임한 정치가의 프로파간다적인 정의(正義)를 원하지 않으며 참된 이념에 철(徹)하지 아니한 자유를 구하지 않는다.

이제 우리는 이 같은 시대적 책임감을 절실히 느끼기에 우리의 행군(行軍)의 방향을 학림(學林)의 캠퍼스로 돌리고 우리 본연의 자세에서 민족과 국가사회가 열망하고 있는 광활로(光活路)와 신무기로 무장하기 위해 상아탑의 등대를 머얼리 멀리 비춰고 진리의 광장에서 젊음에 터전하는 온갖 생명력과 정렬을 알뜰히 승화시키려 한다.

냉철한 눈을 들어 우리의 현실을 직시(直視) 파악(把握)하고 부하(負荷)된 민족적 과제를 해결, 극복하는 데 총력을 경주하고자 한다.

행동에 앞서 갈구할 바는 고상(高尙)한 이념이요 투쟁에 선행해야 할 조건은 진리인 것이다. 이념과 진리가 전제되지 아니한 행동은 이성 없는 사나운 야수들의 저돌(猪突)이요 진리를 목표로 하지 않는 싸움은 무모한 정력 낭비 이외의 아무것도 아니다. 다가올 세대, 새로운 역사 창조의 주체세력이 될 문리대 학우들이어!

건강하고 풍요한 AKADEMISMUS의 점차적인 수립으로 대학의 자유, 대학의 사명 완수에 총 매진하자.

서울대학교의 교표(校標)인 'VERITAS LUX MEA'(진리는 나의 빛)는 학림(學林)의 이상인 동시에 본질이며 영원불멸의 모토인 것이다. 진리와 빛은 언제나 우리의 편이며, 우리의 상징이어야 한다.

1962년 5월 22일부터 5월 26일까지 계속된 학림제는 다음과 같은 공식적 일정에 따라 진행되었다.

5월 22일(화) 9:30~10:00 학림제 기념식
10:00~13:00 학술강연회
14:00~16:00 합창반 음악회(1회)
19:00~21:00 합창반 음악회(2회)

5월 23일(수) 9:00~12:00 학술 심포지엄
13:00~17:00 정치·사상강연회
19:00~22:00 문학의 밤

5월 24일(목) 9:00~12:00 학술 심포지엄
13:00~17:00 학술토론회
19:00~22:00 불어연극

5월 25일(금) 9:00~12:00 지질학회, 생물학회, 천문학회 발표
13:00~17:00 종교학회 강연, 사학회 답사보고회
19:00~22:00 불어연극

5월 26일(토) 9:00~16:00 외교과 모의 안전보장이사회
9:00~15:00 체육대회 본선
19:00~21:00 종합평가회

이와 같이 진행된 제1회 학림제 준비위원회의 인적 구성은 다음과 같았다.

1. 주최자 대표　　김덕창(학생회장)
2. 지도위원회
    위원장　　이인기(학장)
    부위원장　　장세희(교무과장), 강두식(학생과장)
    위원　　이숭녕, 이상백, 문영현, 정창희, 이민재
3. 준비위원회
    중앙위원장　　한경모
    운영위원장　　이삼열
    기획부장　　이삼열　　차장 김승의
    재정부장　　이희경　　차장 홍사덕
    실행부장　　최인환　　차장 박인근
    진행부장　　이청수　　차장 황세웅
    섭외부장　　김인수　　차장 정조영, 엄병윤
    실행위원　　전헌, 한정일, 주영태, 윤태남, 송권용, 민강덕, 이원달, 석현호, 주우일, 송성익, 문무영, 김근택, 하길종, 김리나, 한영성, 조경일, 이문구, 장효
    편집위원　　이삼열, 이문구, 김승의, 전헌, 김도현

한미행정협정 촉구 시위(6월 8일)

5·16쿠데타에 의해 언론·출판·집회·결사의 자유가 억압당한 군정(軍政) 기간(1961.5.16.~1963.12.16.)에도 학생들은 움직였다. 군사정권에 대한 비판과 민족주의에 기반한 항의가 '한미행정협정 체결 촉구' 시위로 표출되었고, 이는 5·16쿠데타 이후 학생들에 의한 최초의 정치적 시위였다.

이 시위는 1962년 봄 임진강 부근에서 한 나무꾼이 미군에 의해 살해당하고, 곧이어 또 다른 한국인이 살해당하는 사건이 이어진 데서 비롯되었다. 1962년 3월부터 서울대생들은 이 문제가 한국전쟁 당시 미군의 지위와 관련하여 한국과 미국이 체결했던 '대전협정'*의 불평등성에 기인한다고 판단하고, '대전협정'을 대체하는 한미행정협정을 조속히 체결할 것을 박정희와 케네디에게 진정하려 했다. 이러한 시도는 군사정권과 학교 측의 강력한 '정치 관여 불용(不容)'이라는 의지 표현으로 일단 잠잠해졌으나, 5월 말 파주에서 미군 장교 등 6명이 한국 소년을 절도로 몰아 사형(私刑)을 가해 결국 소년이 사망한 사건이 발생하자 학생들이 즉각 한미행정협정의 조속한

---

* 대전협정: 한국전쟁 직후인 1950년 7월 12일 임시수도 대전에서 한국 정부와 주한 미국대사 간의 서신 교환을 통해 맺은 '재한 미국군대의 관할권에 관한 한미협정'이라는 명칭의 불평등조약. 1966년 7월 9일 대전협정의 불평등성을 제거하기 위해 '대한민국과 아메리카합중국 간의 상호방위조약 제4조에 의한 시설과 구역 및 대한민국에서의 합중국 군대의 지위에 관한 협정' 즉 한미행정협정(SOFA)이 체결되었으나 여전히 협정의 불평등이 지적되고 있다.

한미행정협정 체결을 촉구하기 위해 시위에 나선 서울대생들이 동숭동 문리대 교문 앞에서 경찰 제지를 받고 있다. | 사진출처: 《동아일보》(1962.6.9. 1면)

체결을 요구하는 시위를 벌인 것이다.

학생들의 시위는 고려대학교부터 시작되었다. 1962년 현충일인 6월 6일 오전, 약 3천 명의 고려대학생은 교내에서 현충일 행사를 마친 후 "부끄러운 조상이 될 수 없어 궐기한다"는 취지를 밝히고 시위에 나섰다. 이들은 안암동 로터리에서 경찰의 제지를 받고, 미국 정부와 한국 정부에 보내는 메시지를 낭독·채택한 후 학교로 돌아갔다. 그러나 백여 명의 학생은 미국대사관 앞으로 집결하려다 경찰에 연행되었다.

이어서 서울대학교 학생들이 움직였다. 6월 8일 정오 서울대 문리과대학과 법과대학생 천여 명은 동숭동 문리과대학 교정에 모여 "한미행정협정을 조속히 체결하라", "고대생을 즉각 석방하라"는 등의 플래카드를 들고 '한미행정협정 촉진 궐기대회'를 열었다. 이들은 선언문과 결의문, 그리고 고려대생을 지지하고 거족적으로 단합하자는 전국대학생에게 보내는 호소문을 채택했다.

이어 "우리는 인간의 존엄성을 찾기 위해 일어섰다. 행정협정을 조속히 체결하라"는 내용의, 국가재건최고회의 박정희 의장과 케네디 미국 대통령에게 보내는 메시지를 채택한 다음, 김덕창(문리대 중문과 4년) 서울대학교 총학생회장이 학생회가 이 궐기대회를 전폭적으로 지지한다는 발언을 했다. 궐기대회를 마친 학생들은 미국대사관까지 행진하려 했으나 헌병들에 의해 40여 명이 연행되었다.

이날 서울대생들은 선언문을 통해 행동에 나서게 된 동기를 다음과 같이 피력했다.

대한민국은 주권국가다. 우리는 역시 인간이다. 우리는 모든 후진 약소민족의 악조건에도 불구하고 인간으로서의 어떤 최소한도의 긍지마저 압살당해버린 채 우리 자신의 모든 가능성마저 상실당하고 만 이 광장에 몇 마디 무엇인가 말할 수 있어야 한다. 우리는 가장 민주적이고 가장 인도주의적이라고 자부하고 또한 후진 한국의 모든 병폐를 청산하는 데 정신적 물질적 원조를 아끼지 않음을 자부하는 미국, 미국의 젊은 세대들이 왜? 무엇 때문에? 우리들의 이 정당한 요청을 무시해 버리는지 그 이유를 알 수 없다.

천하가 주지하다시피 수많은 우리 겨레들에게 가해진 숱한 살인, 린치, 폭행에 대해서 이제 이 이상 더 침묵할 수 있으며 어떻게 데모 이외의 방법을 안출(案出)할 수 있겠는가? 오늘 이 우리의 의식(意識)은 단순한 반미도 아니고 피부적인 반정부도 아니다. 오직 우리는 하나의 인간으로서 우리 민족이 가질 수 있는 최소한도의 연대의식에서 터진 이 우울한 울분을 발산시키며 한미 양국의 영원한 우의를 위해서 최후로 이 행동을 감행하는 것이다. 우리는 민족의 이 공동의 광장에서 린치를 가한 군인들의 엄정한 처단, 양국 정부가 행정협정 체결의 길에 도달할 때까지 우리는 계속 행동하고 발언할 것이며 물론 관련된 한국인의 비행도 규탄한다. 동시에 그보다는 더 비인도적인 미군인(美軍人) 측의 행동을 더욱 규탄한다. 우리는 이 불협화음의 상태를 지양하는 유일의 길은 행협(行協) 체결에 있음을 직시하고 유능한 혁명정부는 이 던져진 최후의 기회를 유용(有用)해야 한다고 믿는다.

우리는 지성인이다!

_《동아일보》1962.6.9. 1면에서 재인용

6월 8일 밤, 구속되었던 고려대생 13명과 연행된 서울대생 47명 모두 석방되었다. 그러나 한미행정협정 체결을 촉구하는 시위는 대구에서도 이어졌다. 6월 9일 오전 10시 대구대학 남녀학생 300여 명은 교정에 모여 한미행정협정을 촉구하는 결의문과 메시지를 채택하고 시위에 나섰으나 저지당했다.

이 시위로 정치학과 동기 현승일 등이 연행되기도 했으나, 나는 국외자인 체 방관하며 어영부영 시간만 보내고 있었다.

IV
문리대 1963

1963년 겨울 문리대 중심인물들이 동숭동 교정에서 찍은 사진으로, 김도현(정치 61, 서울사대부고)이 촬영했다. 앞줄 왼쪽부터 이원새(사회 61, 경북고), 송재윤(정치 62, 남성고), 박삼옥(정치 62, 경북고), 안택수(정치 62, 경북고), 둘째 줄 왼쪽부터 성유보(정치 61, 경북고), 김영배(철학 62, 경북고), 박용환(정치 62, 경북고), 김중태(정치 61, 경북고), 김지하(미학 59, 중동고), 박재일(지리 60, 경북고), 뒷줄 왼쪽부터 조화유(사회 61, 부산고), 김유진(정치 61, 경북고), 백승진(사학 62, 경북고), 송진혁(정치 61, 경북고), 이수용(정치 60, 마산고), 배한룡(정치 61, 대전고), 최혜성(철학 60, 대광고) | 괄호 안은 학과, 학번, 출신 고등학교

1. 세상 구경

하숙집에서 쫓겨나다

　인생은 누구에게나 변화의 계기를 제공한다. 1963년 3학년 1학기 초에 문리대 학생회장 선거로 동분서주하는 등 별 의미 없는 생활을 하던 나는 문득 자신을 되돌아보고 변화를 모색하자는 마음이 들었다. 이런저런 고민하던 끝에 부친 앞에서 무릎을 꿇고 집을 나가서 세상 공부 좀 하고 오겠다고 말씀드리니, 처음에는 멀쩡하게 집 있는 놈이 왜 그러느냐고 하시다가 결국은 몸조심하라며 허락해주셨다.
　그래서 경북 안동 출신 김도현과 함께 문리대 앞에서 하숙 생활을 하게 된다. 그런데 하숙 생활은 해보니 간단한 게 아니어서, 도처에 암초가 도사리고 있었다.
　당시 하숙생이 부딪히는 문제 중 가장 심각한 것은 아침이면 찾아오는 친구라는 작자들이었다. 특히 칫솔 하나 품에 품고 동가식서가숙하는 칫솔부대가 문제였다. 무슨 말이냐 하면, 밥이라고는 달랑 두 그릇뿐인데 예고 없이 찾아오는 친구들과 나누어 먹어야 하므로 배곯는 것은 둘째 치더라도, 하숙집 주인의 시선이 문제였다.

1963년 어느 날, 정치학과 동기 김도현이 문리대 학생회 사무실 앞 벤치에 앉아 즐거운 표정을 짓고 있다. 그는 나와 함께 하숙하다 쫓겨났다. | 사진제공: 김도현

누구는 배곯기 싫어 이런 방법을 동원하기도 했다고 한다. 끼니때가 되어 칫솔부대가 오면 밥그릇에 가래침을 탁 하고 뱉는다고 했다. 그러나 배고픈 데 가래침은 아무 소용도 없었다. 배고픈 칫솔부대원에게는 가래침이 아니라 똥을 싼대도 소용없었다는 것이다.

이런 이야기도 들은 적이 있다. 술이 뭐 같이 취해 자다 보니 지독한 냄새가 나서 옆에서 자는 친구의 엉덩이를 까보니 똥이 말라붙어 있더라는 것이다. 아뿔싸! 화장실에서 혁대 푸는 것을 잊었던 것이다.

이번에는 내 이야기이다. 하루는 수업이 끝나고 하숙집에 돌아와 보니, 어럽쇼! 김도현과 내가 함께 쓰던 앉은뱅이책상 위에 있던 책이 죄다 사라져버린 것이다. 주인아주머니께 여쭈어보니 친구 누가 와서 전부 갖고 갔다는 것이다. 그래서 친구 누구에게 따져 물으니,

모조리 처분하여 야구 구경 갔다고 해서 김도현이 항의 또 항의! 버스 떠나고 손 흔들면 뭐 하나? 무엇보다 심각했던 것은 가정교사의 무기인 영어사전이 없어진 점이었다. 고서점에서 가장 값을 쳐주는 게 영어사전이었으니, 당연한 일일 수밖에.

하숙은 아무나 하나? 나에게 하숙은 진짜 아무나 하는 게 아니었다. 아침이면 칫솔부대가 들이닥쳐 와자지껄 떠들어대서 귀찮고, 밤늦게 술 퍼먹고 와 문 따주느라 귀찮은 품행 때문에 주인아주머니의 눈 밖에 나서 우리의 하숙 생활은 두 달여 만에 끝나고 말았으니 말이다.

우리의 하숙 생활이 끝난 이유가 품행 때문이기도 했지만, 진짜 이유는 현금을 주고도 쌀을 살 수 없을 정도로 심각해진 식량난 때문이었다. 쌀이 없으면 밥을 해줄 수 없으니 불가피하게 한 팀을 내보내야 했고 그 구조조정에 친구와 내가 걸린 것이다. 이런 사정은 다른 대학 하숙생들에게도 마찬가지였다. 고려대 법대생 김정부(金政夫, 63학번)의 이야기를 자세히 들어보기로 하자.

객지에서 살아가자니 고충이 많은 것이 사실이지만, 그래도 한시름 놓고 다리라도 길게 펼 수 있는 곳이 하숙이다. 물론 하숙도 계층이 있겠지만 지방에서 상경한 학생들이 있는 곳이란 거의 다 학교 주변이다.

학교 주변이 되니 편리한 점이 많지만 그에 못지않게 폐해도 적지 않다. 휴강이나 강의가 없는 시간은 아무래도 친구가 찾아오기 마련이고 이렇게 되면 자연 아지트가 되고 만다.

이런 점이 주인아주머니에게는 아무래도 달갑지 않다. 그때마다 말 못할 고충은 혼자 겪어야 한다.

더구나 아기 없이 살아온 집이니 자주 있는 일은 아니지만, 어쩌다 방 안에서 한바탕 바둑전이 벌어지는 날엔 앞을 구별하기 힘든 담배 연기 속에서 때때로 기발한 말들이 튀어나오고 한동안 웃음이 뒤덮는다. 이쯤 되면 주인집 아주머니의 이마에 주름이 잡히기 시작한다.

워낙 주위에 하숙이 많은지라 마음 안 맞으면 옮기면 그만이고 주인 편에서도 다른 학생이 얼마든지 있으니 저마다 편리한 대로 하기 마련인지라, 한 달이 멀다 하고 옮기는 친구도 없지 않다.

이런 판국에 요즘 식량난이니, 이젠 과거의 아주머니 대우는 문제가 아니다. 그래도 전에는 하숙비 낼 때가 되면 영업 의식에서나마 며칠은 웃음기를 띠고 밥상에 해군(물고기)이나 해병대(육고기)가 심심찮게 들어오곤 했지만 이젠 180도 전환, 쌀값이 400원대로 오르니 선불된 하숙비 중에서 남은 돈을 거슬러 주면서 나가 달라는 것이다.

하긴 우리도 모르는 바 아니다. 그래서 학교 측에다가 시험 연기를 요청하게 되고 한편으로 한 집 동기들끼리 긴급토의를 전개, 긴박한 사태에 대비하지 않을 수 없게 된다. 그러나 여기에도 문제가 있어 매식(買食)하자는 파와 식대를 올려서라도 눌러 있자는 안이 나온다.

하긴 하숙에서도 아침저녁은 양이 적으나마 밥 구경할 수 있고 점심은 분식이다. 달력엔 방학이 바로 다음 줄이건만 손꼽아 기다리는 이에겐 하루가 길기만 하다.

2차대전 때 영국에선 아교를 풀어 먹었다는 이야기도 있지 않은가? 허리띠를 졸라매 가며 공부하는 한국 대학생의 앞날의 짐은 이 엄숙한 현실인 경제문제에 비례해서 무거워지리라.

― 《동아일보》 1963.7.3. 3면에서 재인용.

이런 현실에서 하숙집에서 쫓겨나 헤매고 있을 때 기쁜 소식이 날아들었다.

부산에서의 낭만 ①

지금으로서는 상상할 수도, 아니 있을 수도 없는 일이지만, 수도 서울에서 쌀값이 천정부지로 뛰고 돈 주고도 쌀을 살 수 없을 지경이라 하숙집에서 쫓겨나 동가식서가숙하고 있었을 때, 이원재(사회학과 61)가 여름방학에 여행도 하고 돈도 버는 좋은 수가 있다며 나와 최동전(철학과 60), 이현배(사학과 63)를 긴급 소집했다.

서울대학교 《대학신문》을 보급할 학생을 모집 중인데 1년 치 구독료를 받아 반을 신문사에 입금하면 나머지 반은 보급 학생의 몫이니 돈 벌어 다음 학기 등록금으로 충당하자는 것이었다. (당시 서울

1965년 2월 문리대 졸업식장에서. 오른쪽부터 이원재(사회학과 61), 나, 어머님 그리고 맨 끝이 내 여동생 송철완.

대학교 등록금은 사립대학에 비하면 '새 발의 피'였다.)

궁할 궁(窮) 자로 고민하던 때에 웬 떡이냐 싶어 모두 찬성, 대찬성! 서울지역은 여러 팀이 경합하여 경쟁이 심할 테니 멀리 가면 독점이다 싶어 부산에 가서 보급하기로 했다. 지금부터 문리대에서의 마지막 낭만이 깃드는 부산에서의 신나는(?) 모험을 뒤따라가 보자.

신나기는커녕 부산으로 향한 첫날부터 문제가 터지기 시작했다. 부산까지 완행열차를 탄 것이 죄였던가? 역이란 역은 죄다 쉬어, 심심하여 계속 주전부리해서 그랬는지 부산역에 도착하자 수중에 있던 돈이 똑 떨어져버린 것이다.

암, 뜻이 있는 곳에는 길이 있기 마련이지. 학생증을 '마패(馬牌)' 삼아 맡기고 짜장면으로 저녁 식사하고 나니 잠자리가 막막해져 파출소에 자진 출두하여 보호실에서 잠을 청했다. 문제가 있는 것은 다음 날에도 예외가 아니어서 이번에는 이동할 차비가 한 푼도 없었다. 만만한 게 홍어 뭐라고 했던가? 막내 이현배에게 버스비 조달 명령이 떨어졌다.

그래서 이현배가 서울대 배지를 꺼내어 달고 뒷머리를 긁적이며 지나가는 이화여대 배지 단 여학생에게 농촌계몽 온 학생인데 차비가 떨어졌다고 둘러대, 똑똑한 이현배가 얼마 가지 않아 목표액을 너끈히 수금했다.

차비도 생겼으니 이제는 뛰기만 하면 된다고 하여, 부산시청 같은 곳에서는 서울대 동문을 찾아다니고, 부산고·경남고·부산여고·경남여고 같은 데에서는 서울대 지망생을 찾아 동분서주했으나 매상이 영 시원치 않았다.

그래서 긴축재정이 시급하다는 '대장' 이원재의 판단에 따라 식비 등 제반 비용을 최소한도로 줄이기로 하여 부산항 인근에서 풀빵으로 저녁 요기를 하던 중 급기야 사건(?)이 터지고야 말았다.

우리 문리대의 자랑이었던 최동전이 허기를 참지 못하고 세 개씩만 먹기로 했던 풀빵을 한 개 더 먹어버린 것이다. 다음은 대장 이원재와 대원 최동전 사이에 있었던 대화 내용이다. 괄호 안은 표준말로 번역한 것이다.

"씨×놈아, 니는 만데 한 개 더 묵노?"(너는 뭔데 한 개 더 먹냐?)
"개××야, 배고픈데 우야노?"(배고픈데 어떻게 해?)

이런 긴급사태에 처해 나는 결단을 내리지 않을 수 없었다. 부산 출신으로 경기여고를 졸업한 박영혜(불문과 61)에게 체면 불구하고 SOS를 쳤다.

난데없이 서울에서 나타난 동기 남학생의 호출에 허겁지겁 나타난 박영혜에게 불고기를 얻어먹고 풀빵의 원한을 푼 것까지는 좋았는데, 막내 이현배가 내 옆구리를 쿡쿡 찌르더니 귀에 대고 낮은 목소리로 "형, 1인분만 더 먹으면 안 될까" 하는 것이었다. 안 되긴 왜 안 되냐? 체면 싹 구긴 건 기왕지사!

풀빵 쪼가리 먹다 싸우던 주제에 불고기를 실컷 얻어먹었으니, 금강산도 식후경? 식후니까 금강산도 봐야지. 그래서 부산에 온 김에 금정산 범어사(梵魚寺)까지 가기로 했다. 어차피 거창하게 계획 세워 부산에 온 것은 아니지 않은가? 우리는 범어사를 향해서 무턱대고 금정산을 오르기 시작했다. 걷고 또 걸어서 범어사에 도착했을 때는 산속이라서 그런지 이미 어두워지고 있었다.

본인은 무척 싫어하지만 어쩔 수 있나 사실인데. 대장 이원재의 별명은 색(色) 쓰는 부처 즉 '색불(色佛)'이었다. 어두워지는 금정산 산속 범어사 앞, 산에서 내려갈 수 있는 시간은 이미 지나서 어두워졌다. 어디까지나 별명이지만 '색불'도 부처는 부처니까 산속에서 생긴 이 심각한 문제를 해결하리라고 확신하고 있었다.

대장 이원재가 범어사 경내로 들어가 합장하고는 "주지 스님 계시냐"고 하니 "왜 그러느냐" 하여 서울서 온 학생인데 날이 어두워져 내려갈 수도 없으니 하룻밤만 자고 가게 해달라고 했다. 그러자 요즈음 간첩이 자주 출몰하여 그럴 수 없다는 대답에, "그렇다면 우리가 간첩이란 말이냐"로 시비가 붙었고 승려 중 누군가 징을 꽝 하고 치니 관솔불을 든 젊은 승려 수십 명이 우리를 둘러싸버렸다.

이렇게 하여 졸지에 우리는 범어사 경내에서 쫓겨나게 되었는데 여름이라 해도 산속의 밤 날씨는 장난이 아니었다. 물을 흠뻑 먹은 소나무 가지는 아무리 불을 붙여도 연기만 나서 추위에 벌벌 떨며 뜬눈으로 밤을 새웠다.

이런 식의 부산 생활은 갈수록 태산이 되어 헤어지면 살고 뭉치면 죽는 지경에 이르자 각자도생(各自圖生)하기로 방침을 정했다. 이원재는 경북고등학교 출신으로 집이 대구였고 최동전은 경주가 고향으로 그곳에 부모님이 살고 계셨지만, 이현배와 나는 서울로 가야만 하니 갈 길이 멀었다.

언젠가 이원재가 자기 자취방으로 저녁 식사 초대를 한 적이 있었는데, 반찬이 '샘표간장' 딱 한 가지뿐이었다. 그래도 최동전은 집에서 하숙비라도 부쳐주니 괜찮을 거라 여겨 신라의 고도(古都) 경주에서 좀 쉬다 가자고 했더니, 부친께서 자기를 보면 몽둥이 들고 십 리는 쫓아올 거라는 대답이었다.

그 사연은 이러했다. 경주 촌놈 최동전이 서울대학에 합격하자 부친께서 동네방네 사람들 다 모아놓고 큰 잔치를 벌였다 한다. 사람들은 이제 판검사는 따놓은 당상이라고 여겼을 테고, 부친 역시 그런 생각을 하셨을 터. 그런데 웬걸! 입학한 지 얼마 되지도 않아 형사·정보부원 등 온갖 잡새가 찾아와 괴롭히자 부친께서 실망한 나머지 부자의 연(緣)을 끊었다는 것이다. 그러니 최동전 왈 "우리 아부지 내 나타나문 몽둥이 들고 십 리는 쫓아올까라." 이런 것이 몇몇 문리대생의 숙명이라면 숙명이었다.

나와 이현배는 어떻게 되었을까?

부산에서의 낭만 ②

1963년 여름방학 때 부산으로 가서 《대학신문》 보급에 나섰으나, 진탕 고생만 하고 나서 이원재와 최동전은 고향으로 가고 나는 후배 이현배와 부산에서 더 버티기로 했다.

내가 이현배에게 버티자고 한 것은 다 믿는 구석이 있어서였는데, 믿는 구석이란 이건일(李健一, 국문과 61)이었다. 문리대에서 몇 번 만나 대폿잔을 기울인 적이 있어 찾아가니 자기 집에서 하는 해운대 여관에 와 있으라는 것이었다.

숙식이 해결되니 이제는 됐구나 싶었지만, 인간사에 문제란 항상 생기기 마련. 여관에서는 점심을 제공하지 않는다는 게 보통 문제가 아니었을 뿐만 아니라 먹고 자기만 하면 뭘 하냐? 활동비가 있어야지. 거창하게 말해서 활동비지 버스값도 슬슬 떨어지고 있었.

이게 뭐냐? 풀빵이나 먹고 싸우기나 하다가 이제 됐나 싶었더니 점심은 쫄쫄 굶고 해운대 모래사장이나 헤매다니! 이런 식으로 여름방학을 마칠 수는 없다고 여겨, 나는 이현배와 의논해 대전에 들렀

1963년 문리대 신문《새세대》의 야유회. 두 손을 볼에 대고 서 있는 김도현(정치 61) 편집장 아래에서 무언가를 가리키고 있는 사람이 김영배(철학 62)이다. | 사진제공: 김도현

다가 서울로 가기로 했다. 부산도 그 지경인데 왜 하필이면 대전이었냐 하면, 김영배(金榮培, 철학과 62)의 부친이 당시 서대전 경찰서장이어서 김영배에게 들러 놀다가 차비도 얻어갈 속셈이었다.

"대전발 영 시 오십 분…"을 흥에 겨워 부른 것까지는 좋았으나 부산진역에 도착하니 호주머니에 돈이 한 푼도 없었다. 마침 성균관대 농촌계몽대 학생들이 있어서 그들에게 사정하여 돈 몇 푼 얻어 입장권을 사서 역을 통과해 대전행 열차에 몸을 실었다. 무임승차였다.

어두워질 무렵 대망의 대전역에 도착. 허나 차표가 아닌 입장권으로 대전까지 왔으니 어떻게든 대전역을 빠져나가야 했다. 철길을 따라 이리저리 헤맸지만 나갈 방도가 막막했다. 결국 이리저리 오락

가락하다가 역무원에게 딱 걸려 무임승차로 즉결재판에 넘겨지고 말았다.

예나 지금이나 경찰서 유치장이란 온갖 군상의 집합소. 술 실컷 먹고도 돈 안 내서 들어온 무전취식(그들은 무임승차로 들어온 우리와 그게 그거였다), 허가 없이 소 잡다 들어온 밀도살 등등. 그래도 사람 냄새 나는 이들 덕분에 저녁은 거기서 해결했다. 밤늦게 유치장에서 풀려나가는 사람에게 김영배 전화번호를 메모해주고 연락을 부탁했으나 이튿날 아침이 되도록 김영배의 모습은 보이질 않았다.

마침내 우리는 즉결재판 법정으로 끌려나갔다. 그때의 즉결재판 판사의 이름은 기억나지 않고 그냥 최 판사라는 기억만 나는데, 최 판사는 우리에게 선고유예라는 판결을 내리고(즉결재판에는 선고유예라는 것이 없다는 것을 나중에 들었다) 재판이 끝난 후 자기 방에 들르라고 했다.

그래서 최 판사 방으로 갔더니 자기는 서울대 법대 출신이라며 우리를 환대하며 고생이 많다고 위로했다. 그때 연락을 늦게 받은 김영배가 헐레벌떡 도착하자 최 판사가 대전에서 유명한 냉면집에 초대하여 4인의 '서울대 임시 동창회'를 화기애애하게 개최했다. 그 후 김영배 덕분에 대전에서 푹 쉬며 놀다가 차비까지 얻어 서울로 금의환향(?)했다.

서울에서는 문리대 학생신문 《새세대》가 우리를 기다리고 있었다.

2. 《새세대》 합숙

《새세대》: 문리대 학생신문

"학생운동의 역사는 쌍과부집에서 시작돼 새세대사에서 끝난다"는 말이 나올 정도로 1960년대 문리대 학생신문 《새세대》는 주목을 받았다. 《새세대》의 전신은 《우리의 구상》이라는 학보였다. 1957년 12월 14일 「무산대중을 위한 체제에로의 지향」이라는 글이 문제가 되어 필자 류근일(柳根一, 정치 56)이 구속되자 이 글을 실었던 《우리의 구상》이 폐간되었다. 그 후 학생들이 문리대 학생신문 복간 운동을 한 결과 1959년 탄생한 것이 《새세대》였다.

다음은 1963년 《새세대》 편집장이었던 정치학과 동기 김도현(金道鉉)이 쓴 《새세대》에 대한 상세한 내용이다.

《새세대》는 서울대학교 문리과대학 학생회비로 월 1회 발간된 학생신문이다. 100% 학생 자율로 운영, 기사 작성, 원고 게재, 편집, 발행되었다. 내가 편집장이던 때 세로로 된 제호(題號) 아래에 발행인 이인기(李寅基) 당시 문리대 학장, 편집 겸 인쇄인 강두식(姜斗植)

문리대 학생신문《새세대》의 제호(題號)와 「이것이 내 조국이다」라는 시리즈 기사(1964년 10월 8일, 《새세대》3면). 《새세대》는 1964년부터 박정희 정권하에서의 정치·사회적 문제점을 신랄하게 비판하여 정보 당국으로부터 곱지 않은 시선을 받다가 결국 폐간되었다. 「이것이 내 조국이다 (5)」는 종로구 숭인동의 판자촌 철거 실태를 격렬히 비판하는 내용이었다. | 출처: 송상근 스크랩

당시 문리대 학생과장, 그리고 주간(主幹)으로 학생 편집장 이름(金道鉉)이 인쇄되어 있었다.《새세대》는 월 1회 4면으로 발간되었고, 정기간행물 3종 우편물 등록이 되어 있어서 공보부에 2부 납본하면 그것이 국립중앙도서관에 보관되었다.

《새세대》전에는《우리의 구상》이라는 제호의 학생신문이 있었는데 정치학과생 류근일이 필화 사건으로 구속되어 폐간되고, 그 후에 생긴 것이《새세대》이다. 문리대생은 문리대가 '대학 중의 대학'이란 자부심이 강해, 둥근 계수나무 줄기가 새겨진 서울대 배지

대신 네모난 문리대 배지를 달고 다녔고 서울대 전체를 대변하는 《대학신문》보다는 문리대의 《새세대》가 윗길이라며 자만했다.

《새세대》 첫 편집장은 이수정(李秀正, 정치학과 58)이었다. 그 후 김창웅(국문과), 마종훈(국문과), 김주연(金柱演, 독문과 60)이 이어서 편집장을 했다. 김주연 편집장 시절에는 김승옥(불문과)·김화영(불문과)·이혜순(국문과)·김영자(불문과)가 기자로 일했고, 학생과장은 정치학과 김성희(金成熺) 교수였다.

《새세대》 1면에는 문리대 학내 소식이, 2면에는 사설이 실렸고 3면에는 특집 성격의 학생 논문이, 4면에는 시 등 창작물이나 논문이 실렸다. 신문은 2천 부(당시 문리대 학생에는 의대·치대 예과생이 포함됨)를 남대문에 있던 일요신문사(현재 상공회의소 터)에서 인쇄했고, 인쇄비는 학생과에 청구하여 받아 현금으로 지불했다. 비용은 조판, 동판, 인쇄비, 이런 식으로 청구되었다. 편집비를 계상(計上)하여 원고료와 편집 기간 중 식대 및 교통비로 사용되었다. 필자가 《새세대》 편집에 관여한 것은 2학년 초인 1962년 봄으로 기억한다. 그때 필자는 소형 카메라(코닥사의 RETINA Ⅱ)를 갖고 있었고 가형(家兄)께서 4·19혁명 후 조직된 교원노조를 하다가 해직되어 가계용으로 DP점을 운영하고 있었는데, 암실에서 '럭키확대기'로 사진을 만드는 것을 옆에서 거들고 심부름하며 일본 사진잡지 《아사히카메라》를 심심풀이로 보면서 사진 촬영의 초보 기법과 밝기, 시간, 구도 조정 등에 대한 지식을 조금 익혔다.

마침 어떤 계기로 무슨 학생행사 기록용 사진을 《새세대》에 제공하게 되자 당시 편집장이던 김호준(金好俊, 사회학과 61)의 제의로, 말하자면 사진기자가 되고 나중에 1면 기사와 사설을 가끔 쓰게 되었다. 사진의 현상 인화는 혜화동 로터리에 있던 '혜명사진관'이나 명동 입구 남대문로에 있던 '스리세븐(777)'에서 했다.

김호준 편집장 시절, 기자는 김정남(金正男, 정치학과 61)·김우택(金宇澤, 영문과 61)·유평근(兪平根, 불문과 61)이었고, 김승옥(金承鈺, 불문과 60)이 만화·만평과 삽화를 그렸다. 유평근의 「파울 클레(Paul Klee)의 화론(畵論)」, 김지하(미학과 59, 당시 필명 之夏)의 「추의 미학」, 손정박(孫正博, 정치학과 61)의 「봉건 잔재에 대하여」를 실은 기억이 있다.

김호준 편집장 직전의 편집장은 김주연이었다. 3학년이 되자 필자가 편집장이 되어 새로 기자를 뽑았다. 시험문제를 필자 등 학생기자가 출제한 가운데 이현배(李賢培, 사학과), 이조연(李朝淵, 사회학과), 김영배(金榮培, 철학과), 심재주(沈在株, 사학과), 고선희(사학과) 등이 기자로 뽑혀 1년간 필자와 함께 일했고, 4학년이 되자 필자 대신 심재주가 편집장이 되었다. 1964년 6·3항쟁 후 《새세대》는 폐간되었는데 자세한 사정은 모른다.

《새세대》는 독자적 사무실을 가지고 있어서 잘 데 없는 학생들이 거기서 자는 이른바 '칫솔부대'가 생겼다. 사무실 책상을 침대로 삼았던 사람은 시인이기도 했던 주성윤(朱成允, 철학과 59), 최동전(崔同田, 철학과 60), 이원재(李源栽, 사회학과 61) 등과 사범대생 김각(金埍) 등이었던 것으로 기억한다.

필자가 《새세대》 편집장이었던 때는 학교와 경찰·정보부 등과의 직접적 충돌은 없었다. 필자 등의 내부 검열과 소심함 탓이었는지 모르겠다. 그리고 학생과장 강두식 교수(독문과)는 중후한 체구의 호걸풍으로 그의 부친이 남한산성에서 양조장을 경영했는데, 《새세대》 기자와 문리대 영자신문 《The Academy Tribune》 기자, 오택섭(吳澤燮, 외교학과 59), 김덕창(金德昌, 중문과 59), 송철원(宋哲元, 정치학과 61), 조화유(趙和裕, 사회학과 61), 김유진(金柳辰, 정치학과 61) 등이 그분 별장으로 가서 대취한 적이 있는데 그때 사진이 지금도 남아 있다.

밤의 《새세대》

'부산에서의 낭만'을 즐기고 서울로 돌아온 후 이현배는 자신이 기자였던 문리대 신문 《새세대》행, 나는 김영배 등 경북고 출신 문리대 후배들과 잠시 함께 하숙 생활을 하다가 '밤의 《새세대》'에 합류했다.

'밤의 《새세대》'란, 낮에는 각자 활동하다가 어둑어둑해지면 《새세대》 사무실에 모여 책상을 침대 삼아 잠을 청하는 무리를 말한다. '밤의 《새세대》' 고정 멤버는 원래 이현배·주성윤(朱成允, 철학과 60) 등이었다가 점차 수가 많아져 가끔 들러 함께한 사람까지 합치면 다음과 같은 명단이 나온다.

김지하(미학과 59)   배춘실(정치학과 59)   박재일(지리학과 60)
이문승(정치학과 60)   이수용(정치학과 60)   최동전(철학과 60)
최혜성(철학과 60)   김중태(정치학과 61)   현승일(정치학과 61)
김도현(정치학과 61)   김정남(정치학과 61)   손정박(정치학과 61)
송철원(정치학과 61)   이원재(사회학과 61)   김각(서울사대 60)
심재택(서울법대 59) 등등

이처럼 수가 많아진 것은 칫솔부대 때문이었다. 당시 상당수 칫솔부대의 잠자리는 학교 벤치였고 세수와 목욕은 분수에서 했는데, 날씨가 쌀쌀해지니 그럴 수가 없어 '밤의《새세대》'에 합류했던 것이다. 이들은 어떻게 생활했을까?

사람이 살아가려면 의식주(衣食住)가 필요하다. 당시 '의(衣)'는 일년에 몇 번만 갈아입으면 되니 별문제가 없었고, '주(住)'는 신문사 책상 위였다. 문제는 '식(食)'으로 각자 알아서 해야 했다. 저녁때 만나 토론하며 떠들다 잠깐 후 이튿날 아침 흩어져 하루를 알아서 보내고 저녁이 되면 다시 모이는 생활이 반복되었지만, 돈 주고도 쌀을 살 수 없던 시절에 아무도 굶지 않았다는 것은 그야말로 기적이었다.

각자 알아서 '식(食)'을 해결한 방법은 대략 다음과 같았을 것이다.

- 스스로 하는 자취(自炊)? 입이 많으니 애당초 불가능!
- 학교 앞 식당에서 외상? 너무 밀려서 절대 불가능!
- 친구 하숙 밥 나눠 먹기? 한두 번은 몰라도 여러 번 불가능!

• 교문 앞에서 구걸하기? 체면 좀 구기지만 비상시 최고 방법!

당시 다른 사람의 생활에 관심을 둘 겨를이 없었으니 내 경우를 보자. 가장 큰 문제는 아침이었다. 칫솔부대가 되든 말든, 친구 도시락을 뺏어 먹든 말든, 아침밥을 굶은 적이 결코 없었으니 기적에 가깝다. 나 자신도 어떻게 해결했는지 기억이 잘 나지 않는다.

아침을 해결하면 그 이후는 별로 문제가 없다. 매일은 아니지만 이런 방법도 있었기 때문이다. 학교 교문 앞에 걸터앉아 있노라면 오전 강의를 들으러 학생들이 몰려온다. 그들에게 요즘 돈 1,000원만 달라고 하면 얻기가 어렵지 않았고 특히 여학생에게는 백발백중이었다. 이렇게 한 시간 정도 지나면 점심값이 생기고도 남았다.

저녁 해결은 두어 가지 방식이 보통이었다. 첫째는 시간제 가정교사로 학생을 가르치고 나서 저녁까지 해결하는 방식, 둘째는 저녁이 되면 학교 주변 식당이나 주점에서 무슨 모임이든 있기 마련이고 운이 좋으면 선배들이 와서 한턱내는 경우, 이것도 저것도 아니면 칫솔부대가 되는 것이었는데 이런 경우는 많지 않았다.

'밤의《새세대》'에서 '식(食)'도 문제였지만, 어쩌면 더 큰 문제는 이·벼룩·빈대 같은 기생곤충이었다. 기생곤충 가운데 가장 극성을 부렸던 것은 '이'라는 놈으로, 이놈은 그 시대에 살았던 사람들을 늘 괴롭혔던 '공공의 적'이었다. 그리고 이놈을 퇴치하는 방법은 손톱으로 일일이 눌러 죽이든지 DDT라는 살충제를 뿌리는 것밖에 다른 도리가 없었다.

문제는 문제를 낳기 마련. 기껏 DDT를 듬뿍 뿌려 '이'를 소탕했는데 누군가가 '밤의《새세대》'를 떠나 외박(?)하고 돌아오면 '이'란 놈이 순식간에 다시 퍼져 괴롭혔다. 외박 후 '이'를 퍼뜨리기로 소문났던 사람은 소지품이라고는 달랑 국어사전 한 권뿐인 주성윤이었고, 그 때문에 누군가의 매타작 대상이 되기도 했다. 시인 주성윤에 대한 자세한 이야기는 다음 책(『아, 문리대! ②』)에서 할 것이다.

그리고 또 문제였던 것이 그 지독한 사람 잡는 냄새, 특히 발 냄새였으니 당시의 위생 상태로 보면 당연한 일이었다. 여름에는 가끔 문리대 분수에 뛰어들기라도 하지만 툭하면 영하 20도까지 떨어지는 1960년대의 겨울에는 더 문제였다. 오죽하면 앞의 명단에 있는 누군가의 자취방을 수색하려던 중앙정보부원이 엄청나게 고약한 냄새로 수색을 포기했다는 이야기가 있었겠는가?

지금 돌이켜보면 처참하다고 할 지경의 여건이었지만, 그렇다고 해서 서글펐다는 기억은 눈곱만큼도 없다. 누구든 돈 생기면 그날은 모처럼 배 두드리는 날이었고 포식한 후 정치학과 동기 김중태(金重泰)의 시국에 대한 열변은 우리의 마음에 용기와 신념을 불어 넣어주곤 했다.

이런저런 고충이 있었지만 신문사 책상 위에서의 공동생활은 이듬해 한일회담 반대 운동에 결정적인 동력이 되었다. 아침에 흩어졌다가 저녁에 모이면 바로 토론장이 만들어져 여러 가지 문제, 특히 시국에 관한 토론이 전개되었기 때문이다.

방송극 〈가슴을 펴라〉

당시 방송작가로 한창 이름을 떨치던 한운사(韓雲史, 1923~2009)라는 불문과 출신 선배가 있었다. 그가 방송극본을 쓴 〈현해탄은 알고 있다〉라는 라디오 드라마는 1960년부터 1961년까지 KBS를 통해 방송되어 커다란 사회적 반향을 불러일으켰다. 수많은 청취자의 마음을 사로잡았던 이 드라마는 소설로 다시 집필되어 베스트셀러가 되는가 하면, 이후 제2부 「현해탄은 말이 없다」가 《한국일보》에, 제3부 「현해탄아 잘 있거라」가 《사상계》에 인기리에 연재되고 있었다.

어느 날 김지하가 헐레벌떡거리며 오더니, 유명한 방송극 작가 한운사 선배가 밥과 술을 실컷 제공할 테니 '밤의《새세대》'에 대해 이야기해달라고 했다는 소식을 전했다. 이게 웬 떡인가 싶어 '밤의《새세대》' 멤버들이 성북동의 한운사 선배 집으로 몰려가 진수성찬에, 와! 맥주에 양주까지 얻어 마셔가며 '분수에서 목욕하기'부터 'DDT 소탕'에 이르기까지 밤새도록 소상하게 이야기했다. 이 일에 대해 김지하는 다음과 같이 회상했다.

그 무렵 한운사 선생은 라디오에서 〈가슴을 펴라〉 혹은 〈대학가의 건달들〉이라는 학생 주인공의 청춘 드라마를 준비하며 샹송 하는 불문과 친구를 통해서 나와 송철원 형 등 몇 사람을 성북동 자기 집에 초대해 드라마의 뼈대 짓는 일에 도움말을 원했고, 나더러는 목소리가 바리톤이어서 느낌이 좋다며 현지 대학생 출연을 부

'밤의《새세대》'를 주제로 방송극을 쓴 한운사 선배(사진출처:《중앙일보》)와 그것을 영화화한〈가슴을 펴라〉광고(사진출처:《조선일보》1965.7.13. 8면)

탁해왔다. 하마터면 팔자에 없는 성우가 될 뻔했다.

_김지하, 『흰 그늘의 길 2』, 도서출판 학고재, 2003, 33쪽.

그러나 한운사 선배의 이야기는 각도가 조금 다르다.

당초 이 작품을 쓰겠다고 결심한 것은 김지하(金芝河)라는 서울대 문리대 학생 때문이었다. 5·16 직후 문리대생 한 패거리를 데리고 우리 집을 찾아왔었다. 그리고 애교스럽게 "왜 나를, 우리를 쓰지 않습니까?" 했다.

"그대들은 한국 지성의 상징이라고 할 수 있는데 그게 대중에게 먹혀 들어가? 아직 어림도 없지."

김지하는 여전히 패거리를 데리고 와서 술이라는 술은 모조리 찾아내 마셔버려 곤죽이 돼 기어나가다시피 했다. 〈가슴을 펴라〉는 그들의 이야기로 가자. 주제가가 간단히 나왔다.

세상이 무심타고 탓하지 마라
내일은 어차피 우리들의 것
포켓트엔 고린 동전 한 푼 없어도
가슴을 펴고 가자 가슴을 펴고
대학가의 건달들 외롭지 않다

〈빨간 마후라〉에서 재미를 본 황문평 씨에게 작곡을 부탁했다. 인기 최고인 최희준(崔喜準)에게 노래를 부르게 한다고 했다. 잠깐! 나는 생각해봤다. 이 드라마의 무대는 동숭동의 문리대 교정이다. 주인공은 모두 문리대 학생이다. 반출세 정치과생, 허약한 철학과생, 문학병 불문과생이 프랑스어로 시도 읊고 샹송도 부르고 해야겠는데 … 그래! 유광열(柳光烈)이 있다. 충주 출신의 불문과 후배다. 샹송도 잘 부른다. 내 고집으로 그 친구에게 주제가를 부르게 했다. 모두 감탄할 정도로 잘 불렀다.

이야기는 단순하다. 한여름, 갈 데 올 데 없어 문리대 교정에서 사는 세 친구가 혜화동으로 가다가 성균관대 부근서 김이 모락모락 나는 꿀꿀이죽에 환장을 한다. 소주 몇 잔에다 배를 채우고 나니 상팔자다. 유유히 교정으로 돌아와 세계를 논하고 한국을 개탄

하고 가다가는 샹송도 부르고 철학도 건드려보는데, 기백은 하늘을 찌르지만 돈 한 푼 없는 현실은 처량했다.

돈 많은 집 여학생은 부자애, 이용만 당하는 여학생은 이용애 등으로 극중 인물을 만들었다. 반출세는 김성원, 문학병은 이순재, 철학도 허약한은 오현경이 맡았다. 부자애였던 김용림은 지금도 나를 만나면 그때 이야기를 한다.

정인섭의 연출은 매끄러웠다. 문리대 교정에서 데모하는 학생들은 '가슴을 펴라'를 목이 터져라고 합창했다던가. 영화로 팔렸다. 신성일이 주연을 맡았다. 최희준이 불렀다면 크게 유행했을지도 모른다. 밤거리를 걸으며 이따금 이 노래를 흥얼거려본다. 세계적 시인이 된 왕년의 김지하가 생각난다. 이따금 시집을 보내온다. 기쁘다.

_한운사, 『구름의 역사』, 민음사, 2006, 141~143쪽.

이에 대해서는 부연 설명이 필요하다. 한운사가 '밤의 《새세대》'를 소재로 쓴 라디오 드라마는 1964년 5월에 개국한 민간 상업방송 라디오서울(RSB, 후일 중앙라디오→동양라디오로 개칭)의 개국 프로그램으로 방송되었다. 방송을 시작할 때 드라마 제목은 〈대학가의 건달들〉이었지만, 1964년 3월부터 시작된 대학생들의 '굴욕적' 한일회담 반대 운동이 격렬해지자 〈가슴을 펴라〉로 바뀌었고, 6월 3일 비상계엄이 선포되어 흐지부지 끝나고 말았다. 1966년 전응주 감독에 의해 영화화된 〈가슴을 펴라〉에서는 신성일·김운하 등이 주연을 맡았다.

3. 김덕창(金德昌),
서울대 총학생회장 출신 중앙정보부원

    1963년 10월 15일은 제5대 대통령 선거일이었고, 박정희는 1963년 초부터 2·18 민정 불참 성명, 2·27 정국 수습을 위한 선서식, 3·16 군정(軍政) 연장 성명, 사실상 군정 연장을 철회한 4·8 성명에 이르는 일련의 '번의 쇼' 즉 '말 바꾸기 쇼'를 펼친 끝에 대통령에 출마했다. 그리고 대통령 선거에서의 승리를 위해 제4대 중앙정보부장에 김형욱(金炯旭)을 임명했다.

    1963년 7월 12일 꿈에도 그리던 중앙정보부장에 취임한 후 김형욱은 6년 3개월여 동안 중앙정보부를 "나는 새도 떨어지게 만든다"거나 "남자를 여자로 바꾸는 것 빼고는 무슨 일이든 할 수 있다"는 존재로 만들어 온갖 흉측한 짓을 저지르다, 1969년 10월 17일 3선개헌안이 국민투표로 확정되고 난 지 사흘 만에 해임당해 용도폐기 되었다. 그 후 미국으로 망명하여 옛 주인 박정희의 비행(非行)을 폭로하다 1979년 10월 박정희에 의해 살해당한 것으로 추정된다.

    김형욱은 취임 즉시 박정희의 대통령 당선을 위해 물불을 가리지

1962년 김포공항에서 찍은 사진. 오른쪽이 나, 가운데가 김덕창(중문 59), 왼쪽이 오택섭(외교 59)이다.

않았다. 그가 한 일 가운데 핵심적인 일은 학원 사찰로, 대학생을 잘 알고 있는 선배 졸업생을 활용하는 방식이 동원되었다. 각 대학 출신 선배들을 중앙정보부원으로 채용해 그들에게 후배 학생들의 동태를 파악하고 감시토록 한 것이다. 서울대학교 졸업생 김덕창(金德昌)과 고려대학교 졸업생 박세혁(朴世赫)을 중앙정보부원으로 채용한 것이 대표적인 예이다.

김덕창에 대한 이신범(李信範, 서울법대 법학과 67)의 증언부터 들어 보자.

정치 사찰을 전문으로 하는 곳이 중앙정보부 2국이었다. 학원반·종교반이라는 이름의 재야담당 부서가 여기에 속했다. 부이사관 김이 학원반 반장. 김은 서울대 중문과 학생으로 학생회장을 지냈다. 한일회담 반대 운동이 한창일 무렵 그는 기자로 취직했다며 학교를 출입했는데, 학원 사찰이 문제가 되던 당시 사찰 물의에 휘말렸던 인물이다. 김은 기자가 아니라 정보부원으로 취직했던 것이다.

(내가) 3학년이던 1969년에 3선개헌 반대 운동에 나섰을 때 그는 정보부 서울대 총책으로 부임했다. 총장실을 자기 사무실처럼 들락거리는 그를 자주 볼 수 있었다. 김은 자신이 학생운동의 계보나 인맥에 정통하다는 자부심이 대단했다. 1974년 민청학련사건 때는 문리대 출신 후배들 몇을 끝까지 빨갱이로 모는 데 앞장섰다는 소문이 파다했다. 그래서였는지 그는 전두환 정권의 국가안전기획부에도 중용됐다.

_이신범, 『광야의 끝에서』, 실천문학사, 1991, 26쪽.

김덕창은 1959년 서울대 문리대 중문과(中文科)에 입학, 1961년 서울대 문리대 학생회 상임위원장으로 활동하다가 문리대 학생회장에 당선되어 서울대 총학생회장까지 지낸 인물이다. 그는 1963년 문리대 졸업 후 중앙정보부원으로 변신했는데, 졸업 직전 「2등병으로」라는 제목으로 《경향신문》에 투고한 글을 보면 정보부원이 되기 직전의 심정을 짐작할 수가 있다.

지난 4년간의 대학 생활에 막 종지부를 찍으려 하니 자축감(自祝

3. 김덕창(金德昌), 서울대 총학생회장 출신 중앙정보부원

感)보다 회한이 앞서는 것은 별로 괴이한 일은 아닐 것이다. 제기랄! 그럼 어설픈 푸념이나 해두자.

놈은 교복에 배지를 달고 다니며 으스대던 기쁨과 남달리 활동을 했다면 학생회 활동 또 학생신문의 발간 등을 해보았다는 즐거움도 가졌었고 학생회장이라는 큰 (?) 감투 덕분에 듣기만 해도

김덕창의 글이 실린 《경향신문》(1963.2.7. 3면)

등골이 오싹해지는 관비 호텔(?)에 강제 투숙당했던 괴로움을 맛보기도 했었지만 이젠 그것들은 하나의 추억으로만 자위하기엔 너무나도 무의미하다고 한탄도 하고 있다.

놈이 졸업한다는 말은 아예 대학에서 청소당한다는 말로 표현되는 게 더 현실적일지도 모른다. 그러나 놈에겐 다행인지 불행인지 2~3년 동안은 자신의 갈 곳에 대하여 생각하는 것이 별로 급한 일은 아니다. 제일 먼저 군대 2등병 사령장이 날아 들어올 것이기 때문에. 놈에겐 천만다행이다.

_《경향신문》 1963.2.7. 3면에서 발췌.

김덕창은 1960년 4·19혁명에 참여했고, 1962년 6월 8일 서울대 문

리대에서 있었던 '한미행정협정 촉진 궐기대회'의 주동 학생으로 지목되어 연행된 적도 있었다. 그의 글을 보면, 자신이 참여했던 이런 학생운동이 "너무나도 무의미하다"고 한탄하고 있다. 또한 그는 대학을 졸업하는 것이 "대학에서 청소당한다"고 여겨, 결국 군에 입대하여 '쫄병' 신세를 면치 못할 것이라고 자조(自嘲)하고 있다.

대학생을 대상으로 한 학원 사찰을 시작한 것은 김종필(金鍾泌)의 중앙정보부였지만, 본격화된 것은 1963년 7월 김형욱의 중앙정보부장 취임 후부터였다. 그러니 김덕창이 정보부원으로 변신한 것은 1963년 서울대 문리대를 졸업한 후인 7월 김형욱이 정보부장에 취임한 무렵인 것으로 보인다. 그리고 그가 정보부원이 된 후 입대하여 '쫄병' 신세가 되었다는 기록이 없는 것으로 보아 적당한 수를 써 '쫄병' 신세를 면한 것 같다. 하기야 서울대학교 총학생회장 출신 정보부원이라는 귀중한 존재를 입대시켜 '쫄병'으로 썩힐 리야 없지 않았겠는가?

이런 김덕창이 모교인 서울대 문리대 캠퍼스에 모습을 드러내기 시작한 것은 1963년 9월 2학기가 시작될 무렵이었고, 이미 졸업한 그가 자주 나타나는 것이 뭔가 이상하다는 말이 돌기 시작했다. 그는 처음에는 《코리아 헤럴드》 기자라고 했는데, 그의 영어 실력을 잘 알고 있던 후배들은 이상하게 여겼다. 그리고 한국과 같은 후진국에서 필요한 것은 "선의의 독재"라고 주장하는가 하면 자신이 공화당에 입당했는데 국회의원이 되려면 후배들의 도움이 필요하다고도 했다.

그가 문리대를 드나들며 가장 먼저 펼친 작업은 10월 15일에 치러질 대통령 선거에서 박정희를 당선시키기 위한 공작이었다. 당시 대통령 선거에 입후보한 사람은 총 7명이었지만 주요 인물은 박정희와 윤보선 그리고 송요찬·허정·변영태였다. 그런데 10월 2일에 허정 후보가, 10월 7일에 송요찬 후보가 윤보선 지지를 선언하고 사퇴함으로써 선거는 사실상 박정희와 윤보선 2파전으로 전개되었다.

선거가 이 두 사람 간의 박빙의 승부로 좁혀지자 변영태 후보의 거취가 주목받았다. 김형욱은 부랴부랴 긴급회의를 소집하여 대책을 협의했다. 회의 결과 무슨 수를 쓰든지 간에 변영태 후보의 사퇴는 극력 저지하되, 송요찬 후보에 대해서는 사퇴성명서의 내용을 누그러뜨리게 한다는 기본방침을 세우고 대책 마련을 위한 논의에 들어갔다.

문제는 당시 청렴·강직한 인물로 명성이 자자했던 변영태를 어떤 방법으로 사퇴하지 않도록 하느냐는 것이었다. 변영태의 대쪽 같은 성격으로 보아 금전의 유혹이나 권력의 위협에 넘어갈 인물이 결코 아니었기 때문이다. 이런 변영태를 공략하는 방안을 놓고 오랜 시간 토론을 거듭한 끝에 기발한 아이디어가 등장했다. 변영태가 명예와 자부심을 존중하는 성격이므로 이를 부추기는 편지 공세를 벌여 사퇴를 막자는 안(案)이었다. 김형욱이 이 제안을 즉시 받아들여 편지 문안 등을 작성하라는 지시를 내리자 대략 다음과 같은 요지의 편지가 대량으로 변영태에게 발송된다.

평소 존경해온 선생님. 선생님께서 외무장관·국무총리를 역임하시면서도 얼마나 청렴결백한 생활을 하셨는지, 국민은 잘 알고 있습니다. 또 선생님께서 얼마나 고결한 지조와 학자적 양심을 가지고 있는가도 알 만한 사람은 다 아는 사실입니다. 그런 선생님께서 이번 선거에 출마하시는 것을 보고 이번에야말로 이 나라를 구할 진정한 지도자가 나서게 됐다고 기뻐했습니다. 그런데 작금 신문 보도를 보면 선생님께서 후보를 사퇴할 가능성이 많다고 합니다. 저는 선생님을 성원하고 지지하는 국민이 의외로 많은데도 불구하고 선생님께서 무엇 때문에 사퇴하시려 하는지 도무지 납득할 수 없습니다. 야당의 농간에 넘어가 사퇴하신다면 선생님을 지지하고 있는 수많은 사람에게 좌절과 실망을 안겨줄 것으로 믿어 의심치 않습니다. 따라서 선생님께서는 어떤 유혹과 협박에도 후보를 사퇴하시지 말기를 바라며, 투표 날까지 건투하시어 당선의 영광을 차지하시기를 기원합니다.

_강성재, 『쿠데타 권력의 생리』, 동아일보사, 1987, 126쪽.

김덕창은 이 공작에 가담하여 문리대 후배들이 변영태에게 후보 사퇴를 하지 말라고 요청하는 편지를 쓰게 하기도 했다. 그리고 그가 한 일에는 이런 일도 있었다. 자기 휘하에 상당한 조직이 있음을 가장하기 위한 가짜 조직을 만드는 일이었다. 그는 자신이 공화당 전국구의원이 되는 데 필요하다며 서식을 가지고 다니며 후배들을 모으고 있었다. 그때도 역시 문리대 후배들이 주요 대상이었다.

치열한 선거전 끝에 박정희가 대통령에 당선되었고 윤보선과의 표 차이는 불과 15만여 표였다. 변영태가 얻은 표가 22만여 표였으니 그가 후보를 사퇴했더라면 윤보선이 이길 수 있는 선거였던 셈이다. 결국 중앙정보부가 주도하여 변영태에게 보낸 격려 편지가 박정희 당선에 큰 역할을 한 것이다.

이후 김덕창은 중앙정보부의 충실한 역군이 되어 자신의 모교이자 후배들이 다니는 서울대학교 학원 사찰 총책으로 맹활약을 펼치게 된다. 이것은 내가 학생운동에 적극 가담하게 되는 결정적 계기를 만들게 되는데, 구체적 내용은 다음에 나올 책에서 자세히 다룰 것이다.

4. 1963년의 문리대

자유수호 궐기대회(3월 29일)

1963년 3월 16일 박정희가 군정 4년 연장 성명을 발표하여 국민을 겁박한 것이 엄청난 파장을 불러일으켰다. 정치권은 비난 성명에 이어 시위에 나섰고, 동아·조선·경향 등 언론 매체는 항의 차원에서 사설 게재를 중단했으며, 미 국무성도 "군정 연장이 안정되고 효과적인 정치에 위협이 될 수 있다"라는 공식 태도를 표명했다.

그리고 마침내 학생들이 움직이기 시작했다. 3월 29일 서울대생 약 400명이 서울대 문리대 교정에 있는 4월 학생혁명 기념탑 앞에서 자유수호 궐기대회를 연 것이다. 학생들은 "군정연장 결사반대", "구정치인은 자숙하라", "우리는 자주국민"이라는 내용의 플래카드를 들고 선언문, 결의문, 전국대학생에게 보내는 메시지 등을 낭독한 후 토론에 들어갔다. 다음은 이들이 발표한 선언문 전문(全文)이다.

지금까지 한국의 정치사는 무정형(無定形)의 역사였다. 집권자와 대중, 여당과 야당, 군인과 직업정치인, 즉 대응되는 집단 간의

통정(統整)된 일련의 상관관계가 단절되고 통치자는 놀랄만한 고
자세로서 대중정서와 새로운 정신의 계발, 경제사회 질서에 대해
서 자아류(自我流)의 독단에 빠져 있었고 대중은 대중대로 놀랄만
한 저자세로서 방향감각을 상실한 채 그들의 생활의식은 정치의
식에 압도당하고 말았다. 그리고 이러한 한국사회의 끊일 줄 모르
는 소요 속에서 정치의 잉여가치가 위세를 발하고 사회변동의 가
변적 요인인 자기표현과 신조는 목가적인 환상론에 불과하였다.

4·19는 이러한 혼돈 속에서도 진정한 자유와 평등의 탑을 건설
할 수 있다는 가능성을 수립한 것이며, 그러기에 우리의 친우들은
잿빛 페이브먼트 위에 혈혼을 남기며 용감히 쓰러져갔던 것이다.
그러기에 오늘 우리는 또다시 엄청난 결단으로서 선열(先烈)이 남
긴 '피'의 발언을 강행한다. 그러나 우리는 4·19가 수립한 위대한 열
망과 상반되는 사회적 숱한 비합리의 자초가 5월 군사혁명의 불가
피성의 비극이었다고 재론치 말자. 그러나 5월 군사혁명의 수락은
어디까지나 4월의 파종(播種)에 대한 시비(施肥)로서 4월의 대전제
위에 그 조건부 존재 이유가 마련되었던 것이다.

혁명정부는 그들의 치열한 의욕에도 불구하고 숱한 부패와 무
능을 초래했다. 그리고서도 3·16 선언으로 그들 자신의 집권 연장
을 도모하려고 하고 있다. 그러나 너무도 명백하다시피 이러한 최
근의 위기 요인은 정치의 난맥상보다 오히려 군(軍) 자체 내의 부패,
알력, 그 불투명한 의식에서 더욱 많이 유래된 것이다. 지금까지 군
(軍)의 치적(治績)으로 보아서 군(軍)이 진정 앞으로 이 사회의 모든

1963년 3월 29일 오후, 서울대생들이 "우리는 자주국민"이라는 플래카드를 들고 자유수호 궐기대회를 열고 있다. | 사진제공: 김도현(정치 61)

질서를 유지할 수 있고 4년 후에 양당정치의 이상적 분위기를 조성시킬 수 있다고 보장할 만한 아무것도 우리는 가지고 있지 않다. 그것이 4년인지 10년인지 우리는 모른다. 이제 우리는 4월의 선열의 뜻을 이어 이 긴박한 역사적 상황 위에 새로운 깃발을 세운다.

우리는 한국의 정치사에 불합리한 방법으로 집권 연장의 가능성을 수립하려는 군정(軍政)의 비논리를 규탄한다.

우리는 몰지각한 구정치인의 파쟁(派爭)과 비합리를 불신한다.

우리는 어떤 외부적 강제에 있어서 이 위기가 무마되는 것을 배격한다.

우리의 운명을 우리가 개척하는 것이다. 우리는 2·27 이후 우리에게 준 감명, 그 상실된 감명을 다시 우리에게 제공할 수 있도록 군(軍)의 본연의 위치로 복귀해줄 것을 강력히 요청한다. 우리는 해체된 이 민족의 문제의식을 재집결하여 자유와 평등이 병존하는 복지사회를 건설키 위해서 새로운 깃발을 세운다.

―《조선일보》1963.3.30. 7면에서 재인용

당시 문리대에서 발간되고 있던《The Academy Tribune》이라는 영자신문(英字新聞)은 1963년 4월 3일 자유수호 궐기대회에 대해서 "Neither Military Rule Nor Dirty Politicians!(군사 통치도 부패 정치인도 싫다!)"라는 제하(題下)로 다음과 같은 내용의 기사를 실었다.

Some four hundred students of Liberal Arts & Sciences College, SNU came together Friday March 29 before the April Revolution Movement in the campus to declare their opinion on the current political situation.

During the hour-long rally from 1:20 through 2:30 p.m. several students one after another took the floor, and voiced their views generally agreeing that any further extention of military rule would fail to contribute to the development of democracy in Korea.

자유수호 궐기대회 주모자 5명 정학 처분(4월 5일)

서울대 문리대 당국은 자유수호 궐기대회를 주도한 문리대생 5명에게 1963년 4월 5일 자로 1주일에서 2주일간의 정학 처분을 내렸다. 5명의 명단은 다음과 같다(《동아일보》 1963.4.12. 7면).

▲김승의(金承毅, 사회학과 4=정학 2주간)
▲김경재(金景梓, 정치학과 4=정학 1주간)
▲김도현(金道鉉, 정치학과 3=정학 1주간)
▲현승일(玄勝一, 정치학과 3=정학 1주간)
▲안택수(安澤洙, 정치학과 2=정학 1주간)

서울대 문리대는 김도현 보호자로 되어 있는 맏형 김구현(金龜鉉) 씨에게 정학 통지문을 보냈는데, 그 내용은 다음과 같다.

서울대학교 문리과대학

서대문학	(72-2134)	1963.4.10.
수신	김구현(金龜鉉)	
제목	통지서	

　귀하께서 보호자로 되어 있는 김도현(金道鉉)은 지난 3월 29일 있었던 자유수호 궐기대회를 거행함에 있어 학교 당국의 지도가

김도현 '정학 통지문'(1963년 4월 10일 자)

있었음에도 불구하고 학장의 승인 없이 개최하여 학내 질서를 문란케 하였음. 이는 학생 신분에 어긋나는 행위로 인정되어 학칙 제42조에 의하여 다음과 같이 유기 정학에 처하였음을 알려드리오니 각별히 학생지도에 유의하여 주시기 바랍니다. 끝.

김도현(金道鉉) 4월 5일부터 4월 11일까지

서울대학교 문리과대학장 이인기

군정 연장 반대 시위(4월 19일)

1963년 4월 19일, 서울대학교 학생들은 박정희가 참석한 서울운동장에서 열린 4·19혁명 3주년 기념식을 거부하고 동숭동 문리과대학 교정에서 독자적인 추도식을 올렸다. 오전 10시 40분부터 약 10분 만에 끝난 이 행사에서, 학교 당국이 집회를 불허했기 때문에 국기 게양조차 하지 못한 가운데 학생들은 빈 국기 게양대를 향해 경례한 다음 5·16쿠데타의 이른바 '혁명공약'을 낭독했는데 다음과 같은 내용의 '혁명공약' 제6항에 들어가서는 학생들이 모두 제창했다.

6. 이와 같은 우리의 과업이 성취되면 새롭고 양심적인 정치인들에게 언제든지 정권을 이양하고 우리들 본연의 임무에 복귀할 준비를 갖춘다.

그리고 다음과 같은 요지의 '제4선언문'을 발표했다.

오늘 우리는 가시지 않은 사회적 혼란과 역사적 퇴영(退嬰)의 민족적 비운을 그날의 양심과 이성으로 증언하려 4월의 광장에 섰다.
4월! 뜨거운 피의 적이었던 백색독재와 그를 밑받침한 사회적 제(諸) 모순 즉 사회경제적 반봉건적(半封建的) 구조와 외세 의존의 매판적 정치경제 질서의식의 보수성 등 온갖 질곡은 의연(依然)히 온존(溫存)된 채 4월의 정신은 왜곡되고 자기합리화의 선전물로 타

락했다.

질서를 약속하며 집권한 군사정부는 무질서한 자기분열의 노정(露呈)에 당황하여 안정이라는 이름으로 이를 도호(塗糊)하기 위해 분망(奔忙)하며 부(富)를 공약한 정권이 화사(華奢)한 계획 이면에서 의혹사건을 조작하고 민생고를 가중시켰다.

4월의 피의 대가인 기본적 제(諸) 자유권은 헌법 책자의 지면(紙面) 위에서만 효력을 발휘하고 입헌주의는 중대성명주의로 대치되었다.

민족자주 역량은 외국대사관의 성명 앞에 압도당하고 외국 정부의 망언 앞에 우롱당했다.

애국의 자유는 칩거적(蟄居的) 고고(孤高)와 체관(諦觀)의 미덕을 강요당하면서 짓밟히었다.

이와 같은 모든 부자유와 비논리는 국민의 이름으로 민주주의적으로 분식(粉飾)되고 있다.

군사정부의 위압적이고 획일적인 피상적 개혁에의 기도는 사회적 모순을 더욱 첨예화(尖銳化)시키고 그것의 확대재생산을 예약해 주었을 뿐이다.

현실을 인용(認容)케 해주는 모든 조건의 소멸(消滅)을 아는 우리는 현재의 모든 정치질서가 민족과 역사의 요청에로 복귀할 것을 강력히 요구한다.

또한 우리는 자주적 민족역량을 무시하는 어떤 외세간섭도 민족의 긍지와 세계사의 조류가 용서하지 않을 것임을 확신한다.

우리는 자유와 진리와 전진하는 역사가 항상 우리의 편임을 4월의 광장에서 다시 다짐한다.

_《조선일보》 1963.4.20. 2면에서 발췌.

추도식을 마친 후 오전 11시부터 학생들은 침묵시위에 들어가, 종로2가에 이르자 앞쪽에 선 학생들이 종이에 먹으로 쓴 "군정연장 결사반대", "구정치인은 자숙하라", "미국은 한국의 내정에 간섭하지 말라", "혁명아는 통곡한다", "학원의 자유를 보장하라" 등의 구호가 적힌 플래카드를 꺼내 들고 행진을 계속했다.

11시 55분 학생들은 중앙청 앞에 다다르기 전 국가재건최고회의 앞에서 3분간 연좌, 말없이 플래카드를 펴 보이고 다시 일어나 행진, 중앙청 앞을 거쳐 안국동·재동·원남동을 돌아 12시 30분 서울대학교 본부에 도착, 묵념 후 만세삼창을 한 후 해산했다.

1963년 4월 19일 서울대학교 학생들이 '군정연장 결사반대' 등의 구호를 적은 플래카드를 들고 침묵시위를 벌이고 있다. 맨 앞 오른쪽이 김정남(정치 61)이다. | 사진출처: 《경향신문》

독자적으로 벌인 이 4·19 추도식 행사는 이후 박정희 정권에 대해 학생들이 전개할 투쟁의 신호탄이었다.

문리대 학생회장 선거(4월 27일)

1963년 4월, 문리대 학생회장 선거가 있었다. 학생회장 선거는 서울대학교에 입학생을 많이 내는 고등학교 즉 경기고·서울고·경복고 출신 간의 치열한 경쟁이었다. 종전에는 주로 경기고와 서울고 출신 간의 경쟁이어서 1960년에는 서울고 출신 노홍권(사학과 58), 1961년에는 경기고 출신 김덕창(중문과 59), 1962년에는 경기고 출신 이창수(중문과 60)가 각각 학생회장에 당선되었었다.

1963년의 문리대 학생회장(임기 1963년 2학기~1964년 1학기) 선거에는 경기고등학교 쪽에서는 민병석(외교학과 61), 경복고등학교에서는 김덕룡(사회학과 61), 서울고등학교에서는 박영호(외교학과 61)가 후보자로 나섰고, 예상 경쟁구도는 2강(強) 1약(弱) 즉 경기고와 경복고의 치열한 싸움이었다.

학생회장 선거가 치열해진 것은 대의원에 의한 간접선거 방식 때문이었다. 경기고·서울고·경복고가 서울대 입시에서 합격생 수가 많았고(내가 졸업한 경기고만 해도 600여 명 졸업에 300명 이상이 합격했다) 학생 수에 따라 학과별·학년별 대의원 수를 정해 대의원을 뽑으니 세 고등학교 출신 대의원이 많아지는 것은 당연했다.

당시 문리대 운동권은 학생회장 선거에 거의 관심이 없었다. 그것은 주도 학생들이 경북고등학교 같은 지방 출신이 대부분이어서 대의원에 의한 간접선거로는 당선 가능성이 전혀 없기도 했고 현실비판 세력인 운동권과 학생회 집행부의 보조가 맞지 않았던 것도 그

까닭이었을 것이다.

치열한 경쟁 끝에 문리대 학생회장에 당선된 김덕룡은 다음과 같이 회고하고 있다.

> 1963년, 대학 3학년 때였다. 학생회장 선거 열풍이 불기 시작하였다. 이전까지만 해도 문리대 학생회장은, 입학생 수가 타 고등학교 출신에 비해 많고 따라서 재학생 수도 많았던 경기고 출신들이 독점하고 있었다. 그러나 나는 학생회장 출마를 결심했다. 사실 대의원 수로만 따진다면 전혀 승산 없는 무모한 도전이었다. 선거전은 치열하게 전개되었다. 처음에는 내가 열세였지만 점차 상황이 호전되기 시작했다. 특히 지방학교 출신들과 여학생들이 나를 적극적으로 성원하면서 판세는 서서히 바뀌고 있었다.
>
> _김덕룡, 『눈물을 닦아주는 남자』, 자유문학사, 1987, 98~99쪽에서 발췌.

1963년 5월 3일 자 문리대 신문 《새세대》는 선거 결과를 다음과 같이 알리고 있다.

문리대 학생회장에 당선되려면 대의원 재적과반수를 획득해야 하는데 4월 25, 26일에 1, 2차 투표가 있었으나 아무도 과반수를 얻지 못해 27일

《새세대》 1963. 5. 3. 1면

김덕룡, 민병석 두 사람을 놓고 결선 재투표가 있기 직전, 민병석 후보가 사퇴하여 김덕룡 후보가 당선되었다.

제2회 학림제(5월 18~25일)

문리대 축제 제2회 학림제가 1963년 5월 18일의 전야제(前夜祭)를 시작으로 5월 20일부터 본격적인 행사에 들어갔다. 다음은 이에 대한 《대학신문》(1963.5.23. 1면)의 보도 내용이다.

"생명과 창조의 달 5월에 무한한 가능성과 영원에로 연결되는 학림에서"(학림제 선언문)

18일 전야제에 이어 20일 오전 9시 제2회 학림제가 개막되었다. "강연회, 토론회를 통해 자아 형성을 기하라"는 이(李) 학장의 격려사 직후 사학과의 '제(諸) 혁명에 관한 사적 고찰'이 스타트를 끊었다. 초일(初日)의 사학·심리·종교과 학술강연회가 성황을 이루어 개점휴업의 기우에 젖었던 주최자 측에 밝은 전망을 주었다. 21일의 고고학과 보고회, 미학과 발표회, 철학과 심포지엄, 지질학과 심포지엄에 학생들은 스케줄 짜기에 바빴다. 특히 이날 3천여 청중을 동원시킨 정치학과의 정치문제대강연회는 가장 규모가 컸었다.

22일에는 천문학과와 국문학과의 심포지엄이 있었는데 22일 이후 진행될 일정표는 다음과 같다.

제2회 학림제를 보도한 《대학신문》(1963.5.13. 1면)

▲23일-사회문제토론회(한국적 민족주의의 진로=시청각교실에서 10시)/사회사업과 강연 회 및 토론회(8강의실에서 9시 30분)/문화영화(강당에서 2시, 7시)

▲24일-사회과학 심포지엄(8강의실에서 10시)/자연과학 심포지엄(8강의실에서 1시)/연극(위대한 독심술사=시청각 교실 2시, 7시)/작품낭독회(교정 7시 30분)

▲25일-모의안전보장이사회(강당 10시)/체육대회 준결승(운동장 10시)/유도시범(운동장 12시 30분)/태수도시범(운동장 1시 30분)

다음은 '정치문제대강연회'와 '모의안전보장이사회'에 대한 언론 보도 내용이다.

서울대학교 문리대 정치학회에서는 동(同) 대학 학림제의 한 행사로 '정치문제대강연회'를 21일 오전 10시 동교(同校) 강당에서 연다. 연사와 연제는 다음과 같다.

▲박준규 - 후진국에 있어서의 군부 세력

▲변영태 - 우리가 당면한 국제문제

▲부완혁 - 우리가 잘살려면

▲신상초 - 후진국의 독재와 한국의 현실

▲이후락 - 혁명정부의 진로

▲임방현 - 한국정치의 신화

▲천관우 - 한국 민주주의의 현단계

_《동아일보》1963.5.18. 5면.

서울대학교 문리대가 주최하는 학림제의 주요 행사인 제2회 전국대학생 모의UN안전보장이사회가 본사 후원으로 25일 오전 10시부터 동교 대강당에서 개최되었다.

'미국의 대큐바 해상봉쇄'라는 의제를 다룬 동 모의안보이사회에는 미국 대표에 연세대, 큐바 측 옵서버에 경희대를 비롯하여 전남대, 조선대, 육사, 동대, 중대, 경북대, 고대, 이대, 건대, 서울대, 성대 등 13개 대학이 참가했는데, 분쟁 당사국과 각국 대표의 연설 등 실제 유엔안보이사회를 방불케 했다.

_《조선일보》1963.5.26. 5면.

문리대 축제인 학림제(學林祭)는 1962년부터 시작되어 1969년 3선

마지막 학림제인 제8회 학림제를 알리는 1970년 10월의 문리대 교문
|사진출처: 바람꽃

개헌 반대 운동으로 학교가 문을 닫아 중단되었다가 1970년에 재개되었다. 그러나 1971년에는 교련 철폐 투쟁과 부정부패 규탄 시위에 따른 10월 15일의 위수령 발동으로, 이듬해인 1972년에는 10월 17일의 유신쿠데타로 문리대의 학림제는 영원히 종언을 고했다. 이에 따라 1970년에 열린 제8회 학림제가 마지막 행사가 되었다.

민족주의비교연구회(민비연) 창립(10월 4일)

　박정희 정권은 문리대 이념서클인 민족주의비교연구회(민비연)를 세 차례에 걸쳐 학생운동 탄압에 활용했다. 처음에는 1964년 제1차 인민혁명당(인혁당) 사건과 연계시켜 6·3항쟁 주동 학생들이 공산 세력과 관련 있음을 애써 입증하려 했으나 실패했다. 그다음으로 1965년 9월 그들을 한일협정 반대 운동의 배후 세력으로 지목하여 내란 음모 등의 혐의로 구속했으나 모두 무죄가 선고되어 풀려났다. 세 번째로는 1967년 민비연 지도교수 황성모의 독일 유학 경력을 빌미로 이른바 동백림 간첩단 사건에 엮으려 했으나 실패했다.

　'이념 서클'이란 '국가, 민족, 민주주의 등을 학술적으로 연구·토론하고 이를 통해 한국의 현실을 고민한 대학생 서클'을 말한다. 1960년대 학생운동은 각 대학 단위로 몇몇 '활동가'에 의해 주도되는 운동이었는데, 이들 '활동가'들을 결집시키고 재생산하는 단위가 바로 대학 내의 '이념 서클'이었다. 학생들은 쿠데타로 수립된 군사정권의 비민주성과 실정을 비판하면서 '민족주의'에 기반을 둔 새로운 이념 서클을 각 대학에 결성하기 시작했다.

　이러한 학생들의 이념 서클 가운데 가장 대표적인 것이 바로 서울대 문리대의 민비연이었다. 민비연은 1963년 10월 4일, 서울대 문리대 강당에서 50여 명의 창립회원이 참석한 가운데 문리대 사회학과 교수 황성모(黃性模)를 지도교수로 하여 발족하여 학생처에 정식 등록된 단체였다.

1967년 12월 16일 제3차 민비연 사건 선고 공판에 나온 피고인들. 오른쪽부터 황성모, 이종률, 김중태, 현승일, 김도현, 박지동, 박범진. |사진출처: 《경향신문》

민비연의 초대 집행부는 대부분 정치학과 학생이었다. 회장 이종률(李鍾律, 정치 60), 총무부장 박범진(朴範珍, 정치 60), 연구부장 김경재(金景梓, 정치 60) 등은 정치학과 4학년생이었고, 기획부장 김승의(金承毅, 사회 60) 밑에 정치학과 3학년인 권근술(權根述, 정치 61)과 성유보(成裕普, 정치 61)가 차장이었다.

민비연은 창립선언문에서 "고립적 일방적 전근대적 강의의 맹점을 탈피하고 여러 나라의 민족주의를 비교, 연구함으로써 민족주의에 대한 과학적 인식의 토대를 마련하여 민족사적 현실을 타개할 수 있는 한국적 민족주의의 관념을 정립한다"고 밝히고, 첫째 가능한 한 합법적인 범위 안에서 학생운동의 기반을 넓히고, 둘째 연구발표회나 세미나를 통해 학술적 이념적 지표를 확립하며, 셋째 민정

이양에 대비한 학생운동의 새 방향을 정립한다는 활동 목표를 제시했다.

박정희가 민족적 민주주의를 처음으로 들고나온 것이 1963년 9월 23일이었으니, 그때는 정치적으로 매우 민감한 시기였다. 이런 시기에 민족주의비교연구회가 창립된 것에 대해 언론은 곱지 않은 시선을 보냈다. 「민족주의 이념 학원으로」라는 제목의 다음과 같은 기사가 그러했다.

> 선거를 앞두고 민족주의에 대한 사상논쟁이 벌어지고 있는 요즘 서울대학교 문리대 대학생들이 "민족주의에 대한 과학적 인식을 토대로 한 한국적 민족주의 이념을 모색, 정립한다"는 '민족주의비교연구회'를 만들었다. 그런데 이 학생들의 '민족주의비교연구회'가 순수한 학술 그룹인지 또는 어떤 행동을 전제로 한 것인지에 관해서는 전혀 알려져 있지 않으며 연구발표회, 연구지 발간, 강연회 등에 쓰일 돈의 출처도 밝혀져 있지 않다.
>
> _《조선일보》1963.10.9. 7면에서 발췌.

이에 대해 민비연 창립에 관여했던 박범진은 다음과 같이 증언하고 있다.

> 우리가 졸업하기 전에 후배들에게 무엇인가 남기고 졸업하는 것이 어떤가 하는 의견이 있었습니다. 그걸 제일 먼저 제의한 친구

가 이종률입니다. 그 당시 민족주의에 관심이 높은 점을 고려하여 민족주의에 대해 연구하는 서클이면 좋겠다고 했습니다. 학교에 합법적인 연구단체로 등록을 하려면 지도교수가 있어야 해서, 정치학과 교수님들을 모시려 했으나 모두 사양을 하셨습니다. 교수 명단을 보니 사회학과에 황성모 교수가 있어서, 이분이 공화당 사전 조직할 때 참여하셨던 분이 아닌가 해서 찾아가 부탁드렸더니 흔쾌히 수락해 주셨습니다.

_이지수 엮음, 『박정희 시대를 회고한다』, 선인, 2010, 28쪽.

1963년 11월 5일, 서울대학교 문리과대학 정치학회가 김종필을 초청하여 벌인 토론회에 민비연 주요 멤버가 토론자로 참여해 공화당 정권의 민족주의를 신랄하게 추궁함으로써 언론의 삐딱한 시선에 대해 해명(?)을 했다. 김종필은 6명의 학생 토론자와 강당을 꽉 메운 학생들 앞에서 한국적 민족주의의 이념을 기점으로 하여 국토통일, 대미(對美)·대일(對日) 문제, 경제자립과 사회풍조 개선 문제 등에 대해 두 시간 반에 걸쳐 토론을 벌였다. 다음은 학생 토론자 명단인데, 전원 민비연 회원이었다.

▲김경재(金景梓, 정치학과 4)　▲박범진(朴範珍, 정치학과 4)

▲이종률(李鍾律, 정치학과 4)　▲현승일(玄勝一, 정치학과 3)

▲김중태(金重泰, 정치학과 3)　▲성래진(成來振, 정치학과 3)*

* 성유보(成裕普)로 개명.

사회=권근술(權根述, 정치학과 3)

이날 토론회에서 김종필은 과거 어느 공개석상에서보다도 가장 신랄히 미국의 대한(對韓) 원조 방법을 비판했고 한민족의 정신적·경제적 '주체성 확립'의 필요성을 시종일관 강조했다. 시종 비판적인 토론자들의 질문과 청중의 분위기 속에서 김종필의 주장은 찬·반의 박수를 받았다.

김종필은 특히 한국적 민족주의와 아시아·아프리카 제국(諸國)의 민족주의와의 차이는 무엇인가, 민족주의를 주창하는 공화당이 원조에 의한 매판자본(買辦資本)과 결탁했다는 의혹을 사지 않는가 등의 기본적인 질문에는 비교적 불투명하거나 웃어넘기는 태도를 취했다. 또한 워커힐 건설, 새나라 차(車) 도입 등 날카로운 질문과 대일 외교 문제에 대한 추궁에서 김종필은 시종 수세(守勢)에 놓여 있었다.

이날 벌어진 민족주의와 한일문제에 관한 토론 부분을 소개하면 다음과 같다.

▲문=공화당이 말하는 민족적 민주주의나 행정적 민주주의가 인도네시아의 교도민주주의나 나세르의 민족주의와 어떻게 다른가?
▲답=공화당이 내거는 민족주의는 감상적 민족주의가 아니다. 그 본질은 ①외국자본의 지배를 벗어나 경제적 식민지 양상의 현실을 탈피해서 경제적 자립을 이룩하고 ②이데올로기적인 면에서

1963년 11월 5일, 김종필이 서울대 문리대 정치학과 학생들과 벌인
정치토론 내용을 보도한 《동아일보》(1963.11.6. 3면).

는 수구주의, 사대주의, 급진적 서구사상 및 자유방임적 자유의 퇴폐를 탈피하고 ③정신적인 면에서는 반미(反美) 아닌 양키즘의 배격이 그 본질이다. 정책 면에서 볼 때 이는 단계적으로 실시해야 할 것이다.

▲문=평화선과 무상공여 및 한일회담에 대한 대략적인 전망은?

▲답=실제 한일문제를 책임지고 해보겠다는 이가 없었다. 합의 본 것은 청구권뿐이며 독도 문제가 논의되었다. 과거 청구권이 논의되던 초기에는 80억 불(弗), 60, 12, 심지어 8억, 6억 설도 있었다. 일본은 혁명 이후에야 7천 5백만 불을 들고나왔다. 서로 간에 청구권 기준에 차이가 있어 장시간 논의 끝에 정치적 해결을 하기로 했던 것이다.

4. 1963년의 문리대   253

▲문=결과적으로 일본은 도획량(盜獲量)으로만도 몇 년 안에 청구권 액을 상쇄시킬 수 있다는데 청구권에 따른 원조액이 상품자본으로 도입되고 그나마 관세율 등 정치적 부대조건이 붙는다면 한국 기간산업과의 관계는 어떻게 될 것인가? 오히려 일본의 소비시장화할 염려는 없는가? 그런 의미에서 평화선 해결이 그렇게 시급하다고 보는가?

▲답=국교 정상화 뒤의 경제적·정신적 침투 위협이 염려가 된다. 군(軍) 작전에서 배운 것이지만 공격은 더 좋은 방어가 된다. 오히려 우리가 내부에서 자세를 찾는 것이 문제가 된다. 유럽이 크다 해도 미국의 영향을 받고 있으며 미국은 아시아 때문에 골치를 앓고 있다. 이 속의 한국은 막기만 할 수는 없으며 방어에서 공격으로 나가야 한다.

_《동아일보》1963.11.6. 3면.

이후의 민비연 모습에 대해 성유보는 다음과 같이 기록하고 있다.

1963년 말, 4학년 졸업이 가까워지자 김중태가 2대 회장을 맡았다. 나는 연구부장이 되었다. 그러나 1964년 3월 새 학기가 되자 김중태는 '한일회담 반대 운동'에 앞장서기로 하고 회장직을 사퇴해 3대 회장을 현승일(정치 61)이 맡았다. 민비연을 연구 동아리로 계속 유지시키려는 속셈이었다. 그런데 현승일도 한일회담 반대 시위로 구속됐고, 2학기에는 조봉계(趙奉桂, 사회 61)가 4대 회장을 이어받았다. 1965년 겨울에는 정치학과 3학년 박지동(朴智東)에게 5대 회장직이 넘어갔다.

역시나 박정희 정권은 민비연을 집중적으로 탄압했다. 명색이 연구부장인 나는 연구발표회나 학술대회 제대로 한번 못해보았고, 박지동도 제대로 활동 한 번 못한 채 감옥만 가게 되었다. 5대 회장 박지동은 1965년 3월 27일 민비연 주최 학술강연회를 열었다는 이유로 구속되었다. 이때 초청연사는 시인 조지훈, 언론인 송건호, 김성두, 그리고 조동필 고려대 교수였다. 민비연은 1965년 9월 16일 박정희 정권에 의해 강제로 해체되었다.

_성유보, 「서울대 문리대 민비연 2년 만에 강제 해체」, 《한겨레》 2014.1.27.

에필로그

문리대의 소멸

김승웅(金勝雄, 외교 61)

김승웅(金勝雄) | 촬영: 신우재(철학, 61)

1.

문리대(文理大)는 지금 없다. 문리대라는 건물도 없고, 문리대라는 이름 자체도 소멸(消滅)했다. 남아 있다면 그 문리대가 위치했던 동숭동 터와 그곳 문리대라는 관문을 거쳐 사회로 빠져나온 졸업생들, 그리고 그 졸업생들의 뇌리에 각인된 문리대에 관련된 추억뿐이다.

아, 소멸한다는 것은 과연 무엇을 뜻하는가. 소멸은 아름다운 것

아닌가. 살아생전 못 느끼던 어머니의 사랑을 시인 이성부(李盛夫)는 「노고단에 여시비 내리니」에서 지리산 노고단에 올라 여시비 맞고 활짝 웃는 풀꽃을 보는 순간 환하게 웃던 어머니 얼굴을 떠올리고 울어버린다고 노래하지 않았던가.

    소멸한 어머니의 위력이다. 어머니는 살아 있지 않고 소멸했기에 그 자식을 울린다. 대학 시절 이발만 하고 와도 "우리 새끼, 참 달덩이처럼 생겼네"라며 흐뭇해하시던 어머니, 그 소멸한 어머니를 나는 80이 되어가는 이 나이에도 떠올린다. 그리고 운다. 살아 계신 어머니를 보고 우는 사람은 없다.

    마찬가지다. 내가 문리대를 그리워하는 건 그 문리대가 소멸했기에 가능한 것이다. 잔류하는 문리대를 말하거나 그립다고 예찬론을 편다면 그건 한갓 학교 자랑이거나 아니면 그 학교를 졸업했다는, 서울대생 특유의 천민(賤民) 엘리트 의식에 불과할 것이다. 거듭 강조하지만, 이 글을 쓰는 동인(動因)을 나는 그 문리대의 '소멸!'에서 찾는다.

    같은 서울대학이지만 문리대는, 천민 엘리트들이 지금도 곧잘 비교의 잣대를 들이대듯 공대(工大)와 의대(醫大)처럼 커트라인이 높은 것도 아니었고 상대(商大)처럼 취직이 보장되는 대학도 아니었다. 문리대는 그저 문리대일 뿐이었다. 지금도 어쩌다 출신대학을 묻는 질문에 우리는 그저 문리대를 졸업했다고만 대답한다. 서울대 문리대라고는 웬만해서 말하지 않는다. 문리대라는 단어 자체에 취해 살았기 때문이다.

이 세상의 문(文)과 리(理)가 합쳐진 곳, 문리대는 바로 대학 그 자체였기 때문이다. 서울대학교의 한 단과대학이 아니었다. 이 세상의 축소판이었다. 나의 동숭동 이야기는 그런 의미에서 그 시절 어느 대학을 막론하고 대학을 함께 다녔던 우리 시대 모두의 이야기다.

2.

1961년 봄, 나는 그 문리대 앞에 섰다. 만 61년 전 4월의 일이다. 입학식에 참석하기 위해 아침 일찍 대학천(大學川)을 건너 교문에 들어서는 순간, 거기 환하게 펼쳐져 있던 문리대의 교정을 나는 두고두고 잊지 못한다. 투명(透明) 그 자체였다. 나는 섬뜩 불안을 느꼈다. 불안했던 건 새롭게 시작될 대학 생활에 대한 적응 우려 때문이 아니라 바로 눈앞에 전개된 문리대의 투명함 때문이었다. 너무나 시리도록 투명해 아무래도 누군가가 깨트리거나 어떤 괴력(怪力)에 의해 부서지고 사라질까 봐 불안했던 것이다. 그러고 보면 나는 글 서두에서 밝힌 문리대의 소멸을 진작 예감한 걸까.

이 대목을 기술하면서 나는 불쑥 일본 작가 미시마 유키오(三島由紀夫)가 쓴 소설 『긴카쿠지(金閣寺)』의 한 대목을 떠올린다. 절이 불탄 화인(火因)은 평소 절의 수려한 미관(美觀)이 깨질까 불안해했던 한 반벙어리 중(주인공이다)의 자폐증 때문이다. 입학 첫날 내가 문리대 교정에서 느낀 불안 역시 그 비슷한 것이었으리라.

입학식은 대학 교가를 미리 연습하는 걸로 시작됐다. 서울대 교가는 가람 이병기(李秉岐) 작사에 현제명(玄濟明) 작곡이었는데, 교가 가사 중 두 대목이 지금껏 기억에 남는다. 교가 첫줄, "가슴마다 성스러운 이념을 품고 이 세상의 사는 진리 찾는 이 길을 …"로 이어지는 대목이 그 첫 번째 기억이다.

이 세상의 사는 진리라! 과연 어떻게 사는 것이 이 세상을 사는 진리일까. 이제 4년간 다니면 대학은 그 진리를 과연 내게 가르쳐 준단 말인가. 그보다 먼저, 진리란 과연 무엇인가. 대학 배지에 라틴어로 적혀 있듯 '진리'는 과연 "나의 빛(Veritas Lux Mea)"인가.

또 하나는 교가의 마지막 구절 "… (더욱 더욱 융성하는) 서울데학교"다. 가사의 끝 구절은 분명히 '서울대학교'라 되어 있는데 노래 부르는 입학생 모두가, 아니 단상에서 교가를 선창하는 음대 교수마저 '서울데학교'라 발음하니 이상했다. 전형적인 서울 사투리다.

교가를 부르는 건 4년간 단 두 차례, 입학식과 졸업식 때다. 그나마 졸업식은 그다지 참석하지 않는 것이 관례여서 교가를 함께 불러본 건 내 기억으로는 단 한 차례, 그날 같은 입학식 때뿐이었다.

그 처음이자 마지막의 교가마저 나는 철저히 '남남이 되어' 불렀다. 내가 택한 외교학과(지금의 정치외교학부로 통합되기 전까지는 정치학과와 외교학과로 양분되어 있었다)에 어떤 인물이 입학했는지, 그리고 무엇보다도 우리 과(科)에 여학생이 있는지, 있다면 몇 명이나 되고 얼마나 예쁜지가 제일 관심사였는데, 나는 (또 우리는) 그 화려한 봄날 목청 뽑아 '서울데학교'만 불러 젖힌 것이다.

입학 당시 우리 주변엔 눈 붙일 만한 것이 거의 없었다. TV도 없을 때고, 일간 신문이라야 4페이지에 불과했던 시절이었다. 당시 유일한 낙으로 장준하(張俊河) 선생이 발간하던 월간지 《사상계》를 사서 교정 벤치에 누워 읽던 재미를 잊을 수가 없다. 그나마 돈이 모자라 두세 달 지난 걸 헌책방에서 반값으로 사서 읽는 데 불과했지만, 그 시절을 생각하면 지금도 가슴이 뻑적지근해진다. 내 목마름의 해갈(解渴) 용구로 《사상계》는 제 몫을 한 것이다. 지금도 기억한다. 매호 《사상계》에 연재되던 장용학(張龍鶴)의 소설 「원형(圓形)의 전설」을 읽던 그 맛을.

문리대는 이처럼 나를 이 대학의 주물(鑄物)인 문사철(文學, 歷史, 哲學) 우위의 '먹물'로 서서히 구워내고 있었다.

3.

이 시절 내 뇌리를 지배하던 욕구가 하나 있었다. 변경(邊境)으로 달려가고 싶은 단순 욕구였다. 그 욕구에 빠져들면 나는 몹시 비틀댔다. 그 학년 그 학기의 시험을 완전히 잡쳤다. 그 유혹에 빠지지 않기 위해, 또 빠지더라도 제발 학기말 시험 기간만은 피하려고 나는 들고 있던 펜촉으로, 책가방으로, 소주병으로 그 유혹을 찌르고 막아냈다.

그래도 힘이 붙여 끌려갈 수밖에 없을 땐 작부(酌婦) 집 문고리에 매달려, 때로는 엉뚱하게 구름다리 너머 이웃 법과대학 형사소송법 강의실로 도망쳐 낯선 강의를 수강했다. 버티고 숨기 위해서다.

문리대 시절은 또 돈에 관한 한, 우리 모두에게 사고(思考)의 유년 시절을 뜻한다. 가정교사 월급을 타면 친구의 학림다방 외상값도 갚아주고, 하숙비가 떨어지면 다른 녀석 하숙에 들러 눈칫밥도 숱하게 얻어먹었다.

3학년 2학기가 시작되던 날, 나는 논산 훈련소행 열차에 자원해서 올랐다. 어차피 내 DNA가 타율(他律)의 삶과는 코드가 맞지 않는 것이라면, 장교보다 졸병을 택해서 이 방자하기 그지없는 천둥벌거숭이 김승웅을 실컷 자학하리라.

친구 누구한테도 나의 입대(入隊)를 알리지 않았다. 울먹이는 어머니가 서울역에 나오시겠다는 것도 허락하지도 않았다. 그리고 이를 악물고 3년을 버텼다. 3년 남짓 짝짝이 군화만 신고 다녔다. 훈련병 시절 나의 소대 기간사병이 내 새 군화를 슬쩍 바꿔치기 했기 때문이다. 당시 향도였던 나는 그 기간사병의 체면을 지켜주느라 그의 헌 군화를 끌고 다녔고, 몇 번 수선하다 보니 그나마 짝짝이 군화가 돼 버렸다.

부대 주변의 작부들과 킬킬대며 놀아나던 것도 이 시절이었다. 그 시절 술 취해 목 터져라 울고 부르던 이미자의 〈동백 아가씨〉가 생생하다. 특히 2절의 끝 구절 "외로운 동백꽃, 멍이 들었소"라던 대목이다. 정말이다. 꽉 멍이 든 3년이었다.

1964년 봄, 그 문리대 앞에 다시 섰다. 만 30개월의 군 복무를 마치고 대학에 다시 복학(復學)한 것이다. 아, 그리운 대학! 그때로 따져 5년 전 입학 첫날, 예의 문리대 교정에서 느꼈던 불안 끼 어린 투명(透明)은 이미 가셔 있었다. 학교가 바뀐 걸까? 아니다. 내가 바뀐 것이다. 나의 투명이 가신 것이다. 이 점, 내가 바랐던 바 아닌가. 바로 이걸 노리고 나는 군대에 뛰어든 거 아니던가.

나에게는 군대 친구가 없다. 기억나는 얼굴도 이름도 거의 없다. 의도적으로 기억하지도 않는다. 그렇다면 정작 뭘 기억하는가. 바로 문리대를 향한 회억(回憶)만을 기억한다. 등 뒤로 던져두고 훌쩍 입영 열차에 오르기에 앞서 2년 반 동안의 그 아름답고 아름답다 못해 슬프고 때로는 음습하기까지 했던 서울 동숭동 시절을 군복을 걸친 채 두고두고 생각했다. 훈련 후 막사 창밖의 낙조(落照)를 지켜보다, 어쩌다 서울서 대학을 다니다 입대한 겁먹은 신병들의 배속신고를 받다, 때로는 군복 우의(雨衣)를 걸치고 비 내리는 들판을 혼자 헤매다 나는 번번이 예의 동숭동 시절을 생각하고 목이 메었다.

빗속의 들판에서 아우성쳐 부르던 흑인 영가(靈歌, spiritual)를 지금도 기억한다.

> Green trees are bending
>
> The poor sinners are trembling
>
> The trumpet sound within my soul
>
> I got to long to stay here!

군모(軍帽)에 스민 빗물이 내 얼굴을 적셨다. 그 빗물이 미적지근했던 걸로 미뤄 나는 분명 울고 있었을 것이다. 노랫말대로, 내 영혼 속의 트럼펫 소리여, 문리대여, 내 영혼을 강타했던 그곳 문리대의 투명(透明)이여! 언제 그곳에 다시 가려나!

4.

제대 다음 날 나는 바로 복학했다. 동숭동과는 그렇게 재회했다. 안성의 '신동(神童)' 김진수(金瑨洙)도, 동기이면서도 으레 장형처럼 굴려던 경주의 수재 김무창(金武昌)도 계급장을 떼고 캠퍼스로 돌아왔다. 육군에서 카투사로 3년 남짓 영어만 쏼라대던 정치학과의 이부영(李富榮)도, 해병대 의장대로 발탁돼 수탉처럼 폼을 잡던 홍사덕(洪思德)도 군복을 벗고 다시 합류했다.

일찍이 내 영혼 속의 트럼펫 소리를 영가(靈歌)를 통해 건드린 제물포의 단아한 가수(歌手) 황정일(黃征一)은 보이지 않았다. 이미 졸업 후 뒤늦게 논산행 열차에 올랐기 때문이다.

제대 후 그 문리대로 복학했고, '동숭동 시절'이 서서히 마감되면서 나는 불안해지기 시작했다. 학교 밖으로 나가기가 싫어진 것이다. 한마디로 졸업하기가 싫어졌다는 이야긴데, 이제 이대로 졸업만 하면 내 임무는 끝나는 건가. 이곳 대학에서 할 일은 이걸로 다 마쳤다는 건가.

이제 할 일이라고는 맘에 드는 직장 골라 취직하고 장가들어 애 낳고, 월부 차 구입하고, 이어 집 마련하고, 승진하고, 알맞게 거드름 피우며 골프채 번쩍이다 나이 들어 은퇴하고 … 그리고 죽으면 된다 이 말이지! 이게 다란 말인가? 그게 싫었던 것이다. 그렇게 살기가 싫었던 것이다.

허나 대학에 남아도 좋다는 묘안이 있는 것도 아니었다. 교수가 되어 남을 가르친다는 건 내 성미에 비춰 상상도 못할 일이고, 우선 당장 세끼 밥을 벌어야 했기 때문이다. 그런데도 누가 뒤에서 덜미를 잡는 걸까. 그 정체는 무엇인가. 혼란스러웠다.

이런 혼란은 지구로부터 정확히 38만 4천 킬로미터 떨어진 죽은 달을 나는 매력 있는 생물로 봤기 때문일 것이다. 중천에 높이 솟아 입학 직후 연세대 뒷산의 내 어설픈 성인식을 지켜봤던 그 아름답던 달, 그래서 심하게는 서글프기까지 했던 골드문트의 달을 나는 군대까지 다녀와 햇수로 7년째 맞는 대학 생활 중에도 내내 잊지 못했기 때문이다.

나의 동숭동 시절은 달 그 자체였다. 대학촌의 달빛이 특히 좋았다. 결코 4 더하기 3의 합산이 아니었다. 파스칼이 묘사한 '감성적' 달과 '기하학적' 달, 이렇게 두 개의 달가운데 나는 한사코 감성적 달만을 고집하고 있었다. 이 점, 당시 스스로 생각해 봐도 한심스럽다 여겼고, 그래서 끼니 해결을 위한 일터를 서둘러 마련해야 했다. 졸업 반년을 앞두고 내가 소공동에 있는 ㈜천우사(天友社) 직원이 된 건 그래서다. 전택보(全澤珤) 사장이 경영하던 천우사는 당시 국내에서 최고의 월급을 주던 일류 업체로, 이왕 밥값을 벌 바에야 최고가 최상일 듯싶어 응시했더니 덜컥 합격했다.

시험문제를 지금도 기억한다. 경제학 시험에 "한국 업체의 수출 신장책을 논하라"는 제목이 주어지기에 그 지난 학기 동숭동에 출강한 상대(商大) 임종철(林鍾哲) 교수한테 들은 대로, 스웨덴 학자 군나르 뮈르달(Gunnar Myrdal)의 후진국 개발 논리와 라그나르 넉시(Ragnar Nurkse)의 '부익부 빈익빈' 논리를 적당히 섞어 얼버무렸더니 합격한 것이다. 이 점, '동숭동 시절'에 지금도 두고두고 감사하게 여기며 산다.

5.

'동숭동 시절' 내 마지막 수업은 1967년 여름 혜화동에 사시는 동주(東洲) 이용희(李用熙) 박사의 서재에서 치른 '국제정치 연습'이었다. 졸업하는 우리에게 커피를 대접하며 동주 선생은 조심스레 강의의 결론을 내렸다. 창밖 정원은 여름 한낮의 햇살로 가득했다. 햇볕 속에 송아지만 한 셰퍼드 암수 한 쌍이 엎드려 있었다. 교수의 마지막 언급은 이러했다. "여러분은 지금까지 제왕학(帝王學)을 공부한 거야. … 자중자애들 하게. 그리고 큰 인물들 되라구!"

나는 손을 들었다. 선생이 내 쪽으로 몸을 틀며 무슨 질문인지 궁금하다는 눈길을 보냈다. 나는 큰 인물 되는 것과는 전혀 무관한, 예의 달 이야기를 꺼냈다. 달을 기하(幾何)의 달과 감성(感性)의 달 가운데 어느 달에 비중을 두고 봐야 옳을지를 물었다. 동주 선생은 한참을 침묵했다. 그러더니 조심스럽게 입을 뗐다. "두 시각의 눈을 다 가지게. 그게 합리적인 거야."

합리적이라.… 어디선가 매미가 숨넘어가게 울고 있었다. 동숭동과는 그렇게 작별했다. 나한테는 '마지막 수업'이 된 셈인데, 지금도 두고두고 생각나는 대목이지만, 뒷맛이 영 개운치가 않다. 군대 3년까지 합쳐 도합 7년의 동숭동 생활을 마감하는 자리였던 만큼 "자네들은 제왕의 학문을 배운 거야!", "그게 합리적인 거야"로 끝내기에는 (나한테 왠지) 합리적이지 못했다.

6.

나의 '동숭동 시절' 기술을 에서 마친다. 이제 나는 목마름이 한풀 가셨다. 그곳 동숭동을 작별하고 나서 50여 년, 그 소멸의 터를 먼발치로 훔쳐보며 언젠가 내 그곳 얘기를 기필코 써 보리라 별렀던 갈증이 이번 기회로 풀린 것이다. 나로 하여금 이 글을 쓰게 만든 송철원에게, 특히 그가 남긴 『아, 문리대!』에 감사한다.